INTEGRADO

CÉLIA PASSOS

Cursou Pedagogia na Faculdade de Ciências Humanas de Olinda, PE, com licenciaturas em Educação Especial e Orientação Educacional. Professora do Ensino Fundamental e Médio (Magistério), coordenadora escolar e autora de materiais didáticos.

ZENEIDE SILVA

Cursou Pedagogia na Universidade Católica de Pernambuco, com licenciatura em Supervisão Escolar.
Pós-graduada em Literatura Infantil. Mestra em Formação de Educador pela Universidade Isla, Vila de Nova Gaia, Portugal. Formação em *coaching*. Professora do Ensino Fundamental, supervisora escolar e autora de materiais didáticos e paradidáticos.

VOLUME 2 — EDUCAÇÃO INFANTIL

5ª edição
São Paulo – 2022

LINGUAGEM • MATEMÁTICA
NATUREZA E SOCIEDADE

Coleção Eu Gosto M@is
Educação Infantil – Volume 2
© IBEP, 2022

Diretor superintendente	Jorge Yunes
Diretora editorial	Célia de Assis
Assessoria pedagógica	Daisy Asmuz, Mariana Colossal
Edição e revisão	RAF Editoria e Serviços
Produção editorial	Elza Mizue Hata Fujihara
Produção gráfica	Marcelo de Paula Ribeiro
Assistência editorial	Isabelle Ferreira, Isis Lira
Iconografia	RAF Editoria
Ilustrações	Carlos Jorge Nunes, Conexão Editorial, Vanessa Alexandre
Capa	Aline Benitez
Projeto gráfico e diagramação	Nany Produções Gráficas

5ª edição – São Paulo – 2022
Todos os direitos reservados

DADOS INTERNACIONAIS DE CATALOGAÇÃO NA PUBLICAÇÃO (CIP) DE ACORDO COM ISBD

P289e   Passos, Célia

Eu gosto m@is: Linguagem, Matemática, Natureza e Sociedade / Célia Passos, Zeneide Silva. - 5. ed. - São Paulo : IBEP - Instituto Brasileiro de Edições Pedagógicas, 2022.
416 p.; 27,5 cm x 20,5 cm. – (Eu gosto m@is; v.2)

ISBN 978-65-5696-245-0 (aluno)
ISBN 978-65-5696-246-7 (professor)

1. Educação infantil. 2. Livro didático. I. Silva, Zeneide. II. Título III. Série.

2022-2265	CDD: 372.2
	CDU: 372.4

Elaborado por Vagner Rodolfo da Silva –CRB-8/9410

Índice para catálogo sistemático:
1. Educação infantil: Livro didático 372.2
2. Educação infantil: Livro didático 372.4

Rua Gomes de Carvalho, 1306 - 11º Andar - Vila Olímpia
São Paulo/SP – CEP 04547-005 Brasil
Tel.: (11) 2799-7799 – www.grupoibep.com.br/
Impressão - Gráfica Mercurio - Setembro de 2024

MENSAGEM AOS ALUNOS

QUERIDO ALUNO, QUERIDA ALUNA,

ESTE LIVRO FOI ESPECIALMENTE PREPARADO PARA VOCÊ QUE COMEÇA SUA VIDA ESCOLAR.

NELE, VOCÊ ENCONTRARÁ MUITAS ATIVIDADES QUE VÃO AJUDÁ-LO(A) A CONHECER AINDA MAIS O LUGAR ONDE VIVE.

O LIVRO TRAZ ATIVIDADES PARA VOCÊ DESENVOLVER A CAPACIDADE DE COMUNICAÇÃO, A COORDENAÇÃO DOS MOVIMENTOS, O CONHECIMENTO DOS NÚMEROS, DO CORPO E DA NATUREZA, ALÉM DE POSSIBILITAR MUITAS HORAS DE BRINCADEIRAS COM OS COLEGAS.

APROVEITE BEM ESTE LIVRO E CUIDE DELE COM CARINHO. ELE SERÁ SEU COMPANHEIRO NO DIA A DIA.

AS AUTORAS

SUMÁRIO - LINGUAGEM

CONTEÚDOS	LIÇÕES
NOME E SOBRENOME	1, 2
ALFABETO	2, 68
LETRA A	3, 4, 5
LETRA E	6, 7, 8
LETRA I	9, 10, 11
LETRA O	12, 13, 14
LETRA U	15, 16, 17
AS VOGAIS	18, 19, 20
ENCONTROS DE VOGAIS	21, 22, 23, 24
PRODUÇÃO ORAL DE HISTÓRIA	25
LETRA B	26, 27
LETRA C	28, 29
LETRA D	30, 31
LETRA F	32, 33
LETRA G	34, 35
LETRA H	36, 37
LETRA J	38, 39
LETRA K	40, 41

CONTEÚDOS	LIÇÕES
LETRA L	42, 43
LETRA M	44, 45
LETRA N	46, 47
LETRA P	48, 49
LETRA Q	50, 51
LETRA R	52, 53
LETRA S	54, 55
LETRA T	56, 57
LETRA V	58, 59
LETRA W	60, 61
LETRA X	62, 63
LETRA Y	64, 65
LETRA Z	66, 67
CANTIGA, PARLENDA, POEMA, QUADRINHA, RECEITA, TRAVA--LÍNGUA, ADIVINHA	3, 6, 9, 12, 15, 26, 28, 30, 32, 34, 36, 38, 40, 42, 43, 44, 46, 48, 50, 52, 54, 56, 58, 60, 62, 64, 66, 69

SUMÁRIO - MATEMÁTICA

CONTEÚDOS	LIÇÕES	CONTEÚDOS	LIÇÕES
NOÇÕES: IGUAL/DIFERENTE	70	NÚMERO 6	101, 102
FIGURAS GEOMÉTRICAS	70, 71	NÚMERO 7	103, 104
SEQUÊNCIAS	71	NÚMERO 8	105, 106
NOÇÕES: PEQUENO/MÉDIO/GRANDE	72	NÚMERO 9	107, 108
NOÇÕES: MUITO/POUCO/NENHUM	73, 74	NÚMERO 10	109, 110
NOÇÕES: DENTRO/FORA	75	NÚMERO 11	111
NOÇÕES: ALTO/BAIXO	76	NÚMERO 12	112
NOÇÕES: COMPRIDO/CURTO	77	NÚMERO 13	113
NOÇÕES: LARGO/ESTREITO	78	NÚMERO 14	114
NOÇÕES: MAIOR/MENOR	79	NÚMERO 15	115
NOÇÕES: GROSSO/FINO	79	NÚMERO 16	116
NOÇÕES: ENTRE	80	NÚMERO 17	117
NOÇÕES: EMBAIXO/EM CIMA	81	NÚMERO 18	118
NOÇÕES: PERTO/LONGE	82	NÚMERO 19	119
NOÇÕES: DIREITA/ESQUERDA	83	SEQUÊNCIA NUMÉRICA	120
NOÇÕES: PARA CIMA	84	NÚMERO 20	121
NOÇÕES: NA FRENTE/ATRÁS	85	NÚMERO 21	122
NOÇÕES: CHEIO/VAZIO	86	NÚMERO 22	123
NOÇÕES: LEVE/PESADO	87	NÚMERO 23	124
NOÇÕES: INTEIRO/METADE	88	NÚMERO 24	125
NOÇÕES: ABERTO/FECHADO	89	NÚMERO 25	126
NÚMEROS	90	NÚMERO 26	127
NÚMERO 1	91, 92	NÚMERO 27	128
NÚMERO 2	93, 94	NÚMERO 28	129
NÚMERO 3	95, 96	NÚMERO 29	130
NÚMERO 4	97, 98	NÚMERO 30	131
NÚMERO 5	99, 100		

SUMÁRIO – NATUREZA E SOCIEDADE

CONTEÚDOS	LIÇÕES
IDENTIDADE	132, 133, 134
AUTOCUIDADO	135
HIGIENE PESSOAL	136
CORPO HUMANO	137
ÓRGÃOS DOS SENTIDOS	138, 144
VISÃO	139
AUDIÇÃO	140
OLFATO	141
TATO	142
PALADAR	143
FAMÍLIA	145, 146, 147
MORADIA	148, 149
ESCOLA	150, 151, 152
PROFISSÕES	153, 154
PRESERVAÇÃO DO MEIO AMBIENTE	155, 156, 157, 158
A ÁGUA	159, 160

CONTEÚDOS	LIÇÕES
PLANTAS	161, 162
TEMPO: CONDIÇÕES ATMOSFÉRICAS	163, 164
ANIMAIS MAMÍFEROS	165
ANIMAIS (NASCIMENTO)	166
ANIMAIS (LOCOMOÇÃO)	167, 168
ANIMAIS (COBERTURA DO CORPO)	169
ALIMENTOS DE ORIGEM ANIMAL	170
ANIMAIS DOMESTICADOS	171
ANIMAIS SILVESTRES	172
ANIMAIS DE ESTIMAÇÃO	173
MEIOS DE TRANSPORTE	174, 175
SINAIS E PLACAS DE SINALIZAÇÃO	176, 177, 178, 179
MEIOS DE COMUNICAÇÃO	180, 181, 182

ALMANAQUE	PÁGINA 192
ADESIVOS	PÁGINA 208

 VOCÊ TEM UM **NOME** E UM **SOBRENOME**.
COM A AJUDA DA PROFESSORA, ESCREVA SEU NOME NO CRACHÁ DO ALMANAQUE. DEPOIS, COPIE SEU NOME NO ESPAÇO ABAIXO.

FREEPIK

 APRESENTE-SE AOS COLEGAS. DIGA SEU NOME E SEU SOBRENOME.

DATA: ____ / ____ / ____

 LEIA COM A PROFESSORA AS LETRAS DO ALFABETO.

A	B	C	D	E	F	G	H	I
J	K	L	M	N	O	P	Q	R
S	T	U	V	W	X	Y	Z	

 PINTE NO ALFABETO A PRIMEIRA LETRA DO SEU NOME.

DATA: ____/____/____

LIÇÃO 3

 CANTE COM OS COLEGAS E COM A PROFESSORA.
LEIA A LETRA E O NOME DO QUE VOCÊ VÊ NA IMAGEM.

A DONA ARANHA

A DONA ARANHA
SUBIU PELA PAREDE
VEIO A CHUVA FORTE
E A DERRUBOU.

JÁ PASSOU A CHUVA
O SOL JÁ VEM SURGINDO
E A DONA ARANHA
CONTINUA A SUBIR.

DOMÍNIO PÚBLICO.

A ARANHA

 CUBRA O PONTILHADO DA LETRA **A**.

DATA: ____/____/____

10

 LEIA O NOME DA MENINA COM A AJUDA DA PROFESSORA.

 PINTE AS PLACAS COM NOMES INICIADOS PELA LETRA **A**.

ADRIANO AMANDA BEATRIZ ALAN

DATA: _____/_____/_____

 A PROFESSORA VAI LER O NOME DAS FIGURAS. CONTORNE AS FIGURAS QUE COMEÇAM COM A LETRA **A**.

ABELHA   ELEFANTE   ARARA

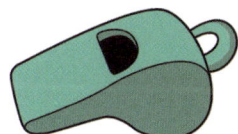  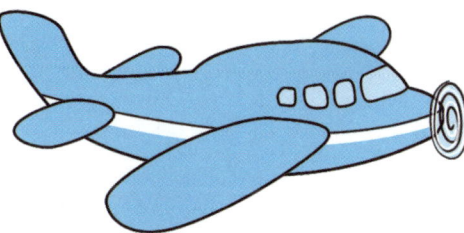

APITO   ABÓBORA   AVIÃO

DATA: ____ / ____ / ____

LIÇÃO 6

 CANTE COM OS COLEGAS E COM A PROFESSORA.
LEIA A LETRA E O NOME DO QUE VOCÊ VÊ NA IMAGEM.

O ELEFANTE
O ELEFANTE QUERIA VOAR.
A MOSCA DISSE:
— VOCÊ VAI CAIR!
O ELEFANTE TEIMOSO VOOU.
VOOU, VOOU E CAIU.
BUM!

DOMÍNIO PÚBLICO.

PETER WEY/SHUTTERSTOCK

E **E**LEFANTE

 CUBRA O PONTILHADO DA LETRA **E**.

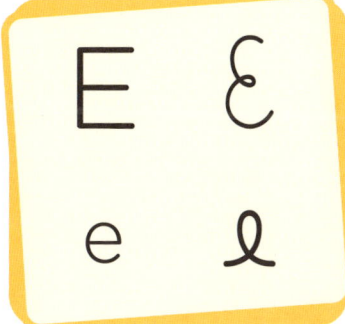

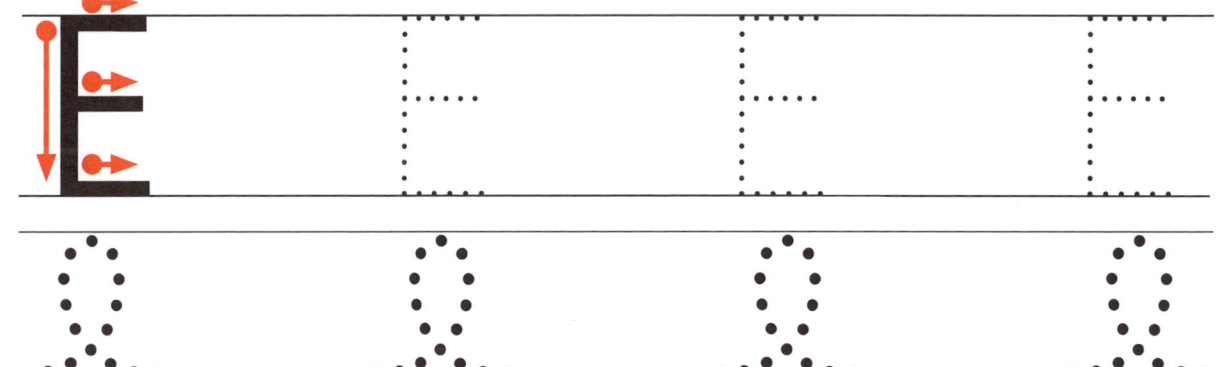

DATA: ____/____/____

13

LIÇÃO 7

 LEIA O NOME DO MENINO COM A AJUDA DA PROFESSORA.

E
EDUARDO

 PINTE AS PLACAS COM NOMES INICIADOS PELA LETRA **E**.

ANA EMANUEL ELISA ÊNIO

DATA: ____/____/____

14

LIÇÃO 8

 A PROFESSORA VAI LER O NOME DAS FIGURAS. PINTE AS FIGURAS QUE TÊM O NOME INICIADO COM A LETRA **E**.

ELEFANTE

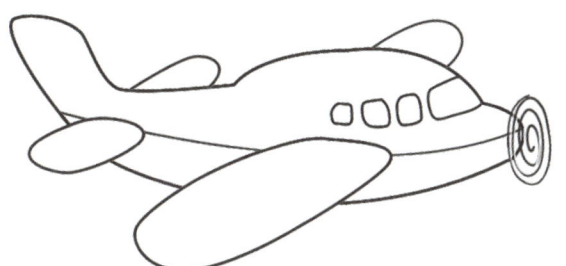
AVIÃO

ESTRELA

ESCOVA

ARARA

EMA

DATA: _____ / _____ / _____

15

 CANTE COM OS COLEGAS E COM A PROFESSORA.
LEIA A LETRA E O NOME DO QUE VOCÊ VÊ NA IMAGEM.

INDIOZINHOS

UM, DOIS, TRÊS INDIOZINHOS,
QUATRO, CINCO, SEIS INDIOZINHOS,
SETE, OITO, NOVE INDIOZINHOS,
DEZ NO PEQUENO BOTE.
IAM NAVEGANDO PELO RIO ABAIXO
QUANDO O JACARÉ SE APROXIMOU.
E O PEQUENO BOTE DOS INDIOZINHOS
QUASE, QUASE VIROU!

DOMÍNIO PÚBLICO.

INDÍGENA

 CUBRA O PONTILHADO DA LETRA **I**.

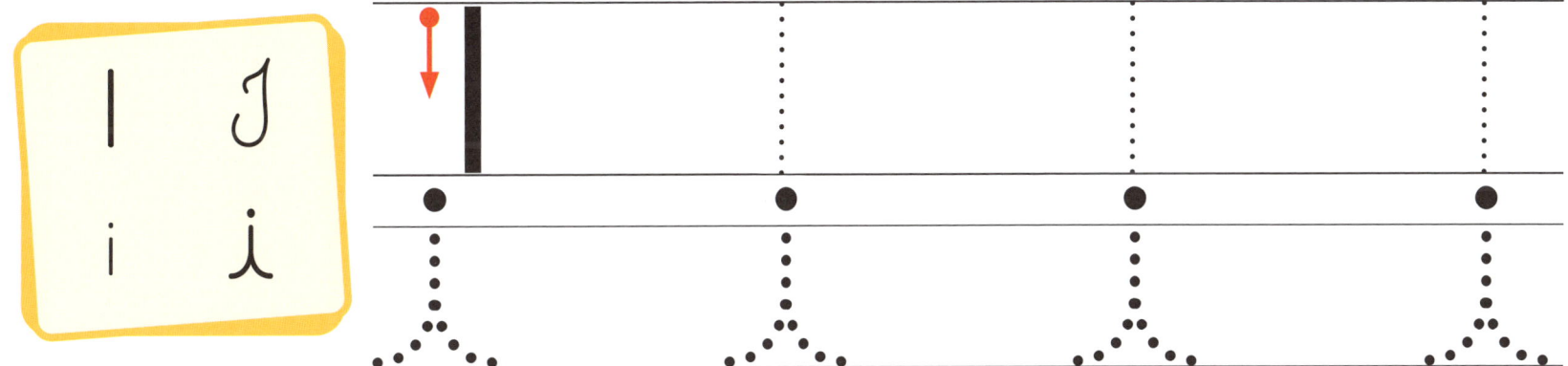

DATA: ____/____/____

 LEIA O NOME DO MENINO COM A AJUDA DA PROFESSORA.

I
IVAN

 PINTE AS PLACAS COM NOMES INICIADOS PELA LETRA I.

ISABELA   IGOR   IVANI   TIAGO

DATA: ____ /____ /____

 A PROFESSORA VAI FALAR O NOME DE CADA FIGURA. CONTORNE AS FIGURAS QUE TÊM O NOME INICIADO PELA LETRA I.

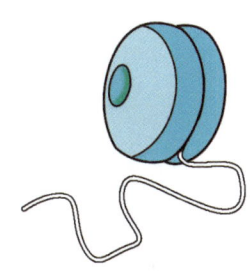    

 ESCREVA LIVREMENTE AS LETRAS.

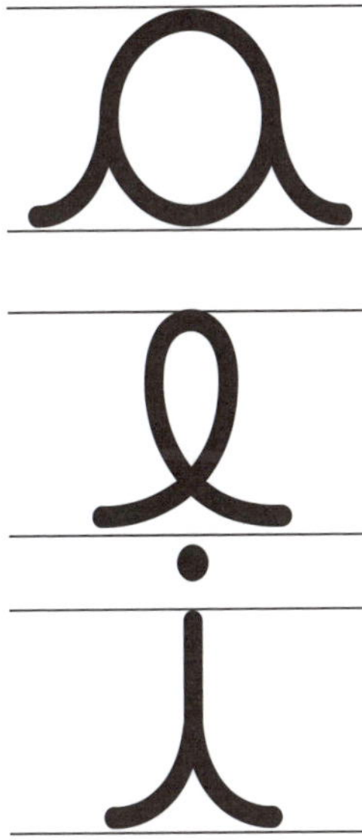

DATA: _____ /_____ /_____

LIÇÃO 12

 ESCUTE A LEITURA DA PARLENDA. LEIA A LETRA E O NOME DO QUE VOCÊ VÊ NA IMAGEM.

O OVO CHOCO

O OVO CHOCO
ESTÁ RACHADO
QUEM RACHOU
FOI A GALINHA.
POSSO PÔR?
PODE, SEM DEMORA
ANTES QUE O OVO "ESTOURA",
NA PANELA DE AMORA.

DOMÍNIO PÚBLICO.

O OVO

PINEAPPLE STUDIO/SHUTTERSTOCK

 CUBRA O PONTILHADO DA LETRA O.

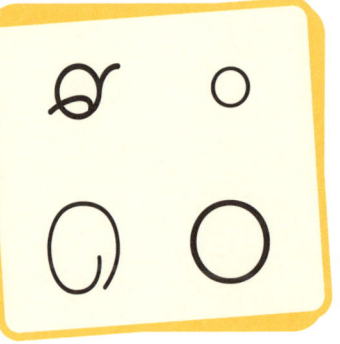

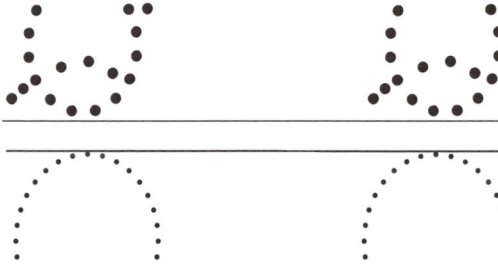

DATA: ___/___/___

19

DATA: ___/___/___

20

LEIA O NOME DA MENINA COM A AJUDA DA PROFESSORA.

VITALINKA/SHUTTERSTOCK

OLÍVIA

PINTE AS PLACAS COM NOMES INICIADOS PELA LETRA **O**.

FLOTSAM/
SHUTTERSTOCK

OTÁVIO

RAYSAY/SHUTTERSTOCK

AMARALINA

FXQUADRO/SHUTTERSTOCK

ODAIR

SUNABESYOU/SHUTTERSTOCK

ODETE

LIÇÃO 3

DATA: ___/___/___

21

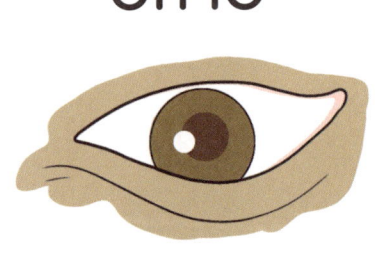 OLHO

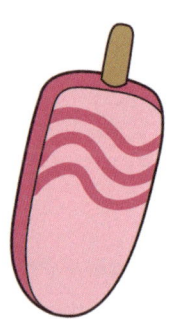 SORVETE

 ÔNIBUS

 RISQUE AS FIGURAS QUE TÊM O NOME INICIADO PELA LETRA **O**.

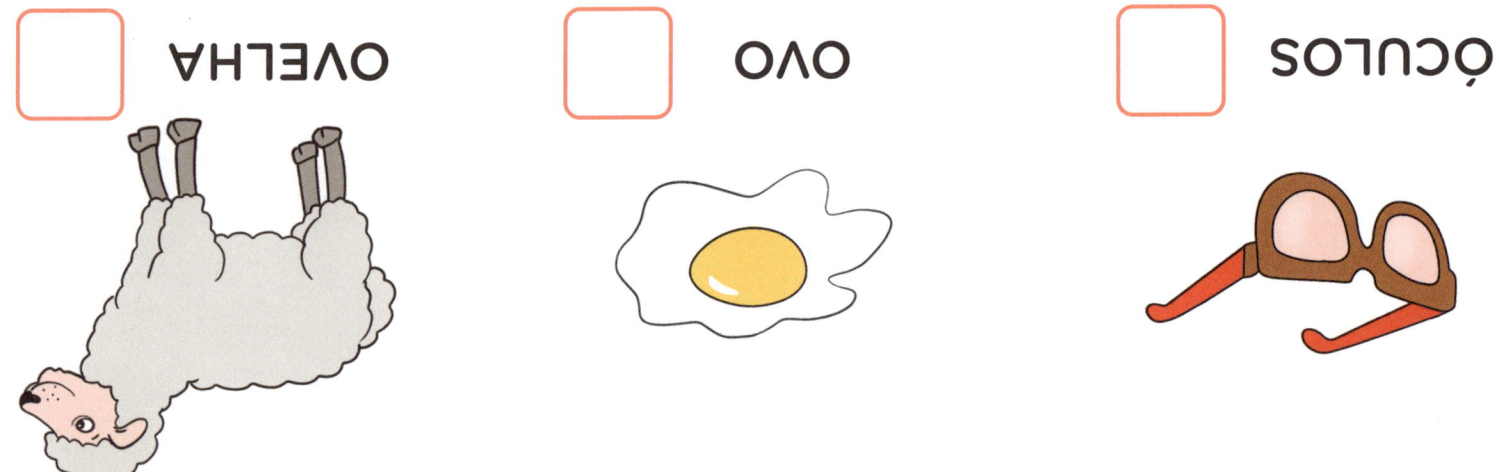

ÓCULOS ☐

OVO ☐

OVELHA ☐

 ESCREVA A PRIMEIRA LETRA DE CADA PALAVRA NOS QUADROS.

LIÇÃO 14

DATA: ___/___/___

22

LIÇÃO 15

🍅 **ESCUTE A LEITURA DA PROFESSORA. LEIA A LETRA E O NOME DO QUE VOCÊ VÊ NA IMAGEM.**

O QUE COMEÇA COM **U**?
UM URSO COM URTICÁRIA
E UM URUBU.

BICHODÁRIO. TELMA GUIMARÃES.
SÃO PAULO: LAFONTE, 2013. P. 24.

U URSO

ERIC ISSELEE/
SHUTTERSTOCK

✏️ **CUBRA O PONTILHADO DA LETRA U.**

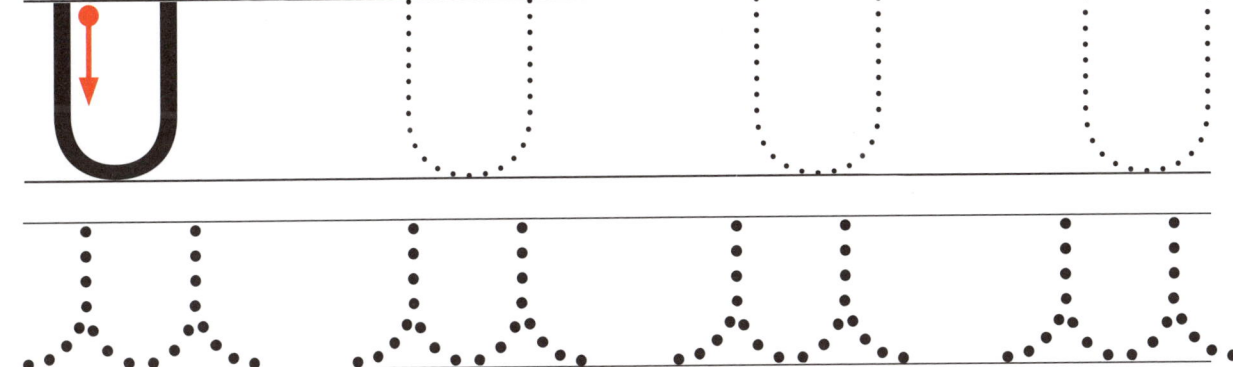

U u
U u

DATA: ___/___/___

LIÇÃO 16

📖 LEIA O NOME DO MENINO COM A AJUDA DA PROFESSORA.

U ULISSES

DUPLASS/SHUTTERSTOCK

✏️ PINTE AS PLACAS COM NOMES INICIADOS PELA LETRA **U**.

IARA

GROUND PICTURE/SHUTTERSTOCK

URIEL

RAWPIXEL.COM/SHUTTERSTOCK

UBALDO

SHAROMKA/SHUTTERSTOCK

UGO

DEMKAT/SHUTTERSTOCK

23

LIÇÃO 17

CONTORNE AS FIGURAS QUE TÊM O NOME INICIADO PELA LETRA **U**.

UNHA   APITO   URSO

URUBU   UVAS   UM

CONTE E ESCREVA QUANTAS VEZES A LETRA **U** APARECE EM CADA PALAVRA.

SUCO ☐   CHUCHU ☐   URUBU ☐

DATA: _____ / _____ / _____

24

LIÇÃO 18

FALE O NOME DAS LETRAS QUE VOCÊ JÁ APRENDEU. ESSAS LETRAS SÃO CHAMADAS DE **VOGAIS**.

A E I O U

ESCREVA LIVREMENTE AS VOGAIS NO ESPAÇO ABAIXO.

DATA: ____ / ____ / ____

LIÇÃO 19

DESENHE NOS QUADROS FIGURAS CUJO NOME COMECE COM A VOGAL DA ETIQUETA.

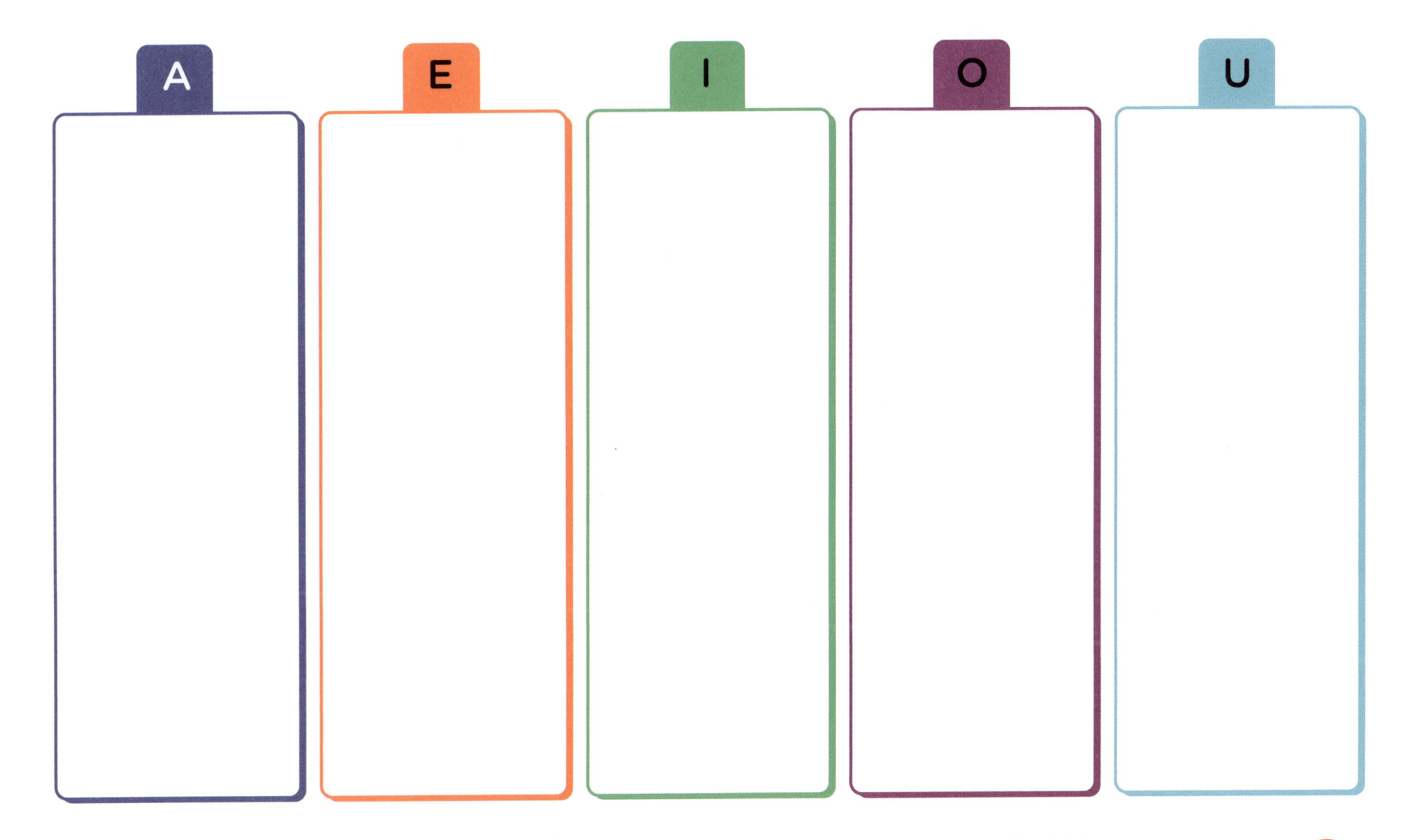

A	E	I	O	U

DATA: _____ / _____ / _____

26

LIÇÃO 20

A PROFESSORA VAI LER OS NOMES. PINTE-OS DE ACORDO COM A LEGENDA.

| LEGENDA | 🟨 A | 🟩 E | ⬛ I | 🟧 O | 🟥 U |

UBALDO	EDUARDO	ÍSIS	OLGA	IASMIM
OTÁVIO	ANDRÉ	ÚRSULA	AMANDA	ANA
IGOR	ALOÍSIO	ÉRICA	EVA	ULISSES

QUANTOS NOMES COMEÇAM:

COM A LETRA **A**? ☐

COM A LETRA **E**? ☐

COM A LETRA **I**? ☐

COM A LETRA **O**? ☐

COM A LETRA **U**? ☐

DATA: ____ /____ /____

27

LIÇÃO 21

ALGUMAS VOGAIS, QUANDO SE JUNTAM, FORMAM PALAVRAS. LIGUE AS PALAVRAS À CENA CORRESPONDENTE E ESCREVA COM LETRA CURSIVA NOS QUADROS.

ai　**AI**　ai

au　**AU**　au

oi　**OI**　oi

DATA: ____/____/____

LIÇÃO 22

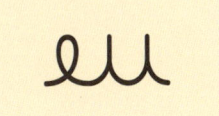

MONTE O QUEBRA-CABEÇA LIGANDO OS ENCONTROS DE VOGAIS CORRESPONDENTES.

ai	ia
eu	ai
ia	eu
ou	ui
ui	ou

DATA: ____/____/____

LIÇÃO 23

OBSERVE AS CENAS. LEIA OS ENCONTROS DE VOGAIS E ESCREVA-OS NOS LOCAIS ADEQUADOS.

| AI | EU | EI | OI |

DATA: _____/_____/_____

30

LIÇÃO 24

RELACIONE CADA CRIANÇA À PALAVRA QUE TEM O ENCONTRO DE VOGAIS QUE ELA ESTÁ SEGURANDO.

AI — EI — IA — OI — UI

BOI — PAI — FUI — PIA — REI

DATA: ____/____/____

OBSERVE AS CENAS. CRIE UMA HISTÓRIA COM OS COLEGAS.
A PROFESSORA VAI ESCREVER A HISTÓRIA NA LOUSA.

1

2

3

DATA: ____ / ____ / ____

LIÇÃO 26

ESCUTE A LEITURA DA PROFESSORA. LEIA A LETRA E O NOME DO QUE VOCÊ VÊ NA IMAGEM.

BOI, BOI, BOI,
DA CARA AMARELA
ENTROU PELA PORTA
E VAI SAIR PELA JANELA
VAI, VAI, VAI,
PASSEAR CONTENTE
NUNCA VI UM BOI
TÃO ALEGRE E SORRIDENTE.

CLARISSE ILGENFRITZ. **O BOI DA CARA DE TODAS AS CORES**. FORTALEZA: ARMAZÉM DA CULTURA, 2012. P. 18.

B BOI

CUBRA O PONTILHADO DA LETRA **B**.

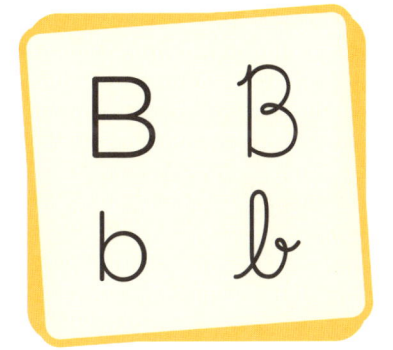

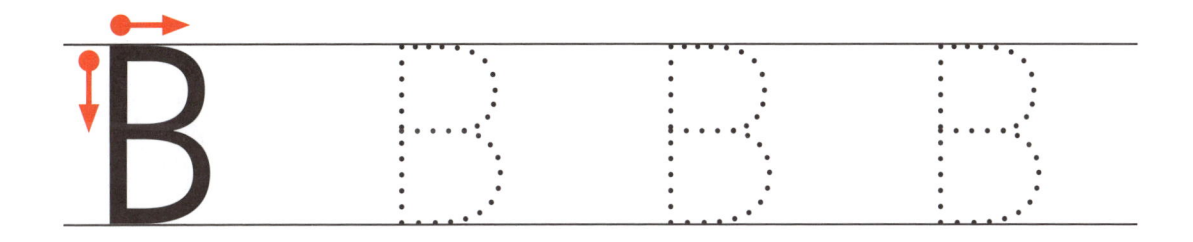

B B
b b

DATA: ____/____/____

33

LIÇÃO 27

MARQUE A CENA QUE MOSTRA POR ONDE O BOI ENTROU.

CIRCULE AS FIGURAS QUE TÊM O NOME INICIADO PELA LETRA **B**.

DATA: _____ / _____ / _____

34

LIÇÃO 28

🗨️ CANTE COM A PROFESSORA E COM OS COLEGAS. LEIA A LETRA E O NOME DO QUE VOCÊ VÊ NA IMAGEM.

CACHORRINHO ESTÁ LATINDO

CACHORRINHO ESTÁ LATINDO
LÁ NO FUNDO DO QUINTAL.
FIQUE QUIETO, CACHORRINHO,
DEIXE O MEU BENZINHO
ENTRAR.
Ô ESQUINDÔ LÊ, LÊ!
Ô ESQUINDÔ LÊ, LÊ, LÁ, LÁ!
Ô ESQUINDÔ LÊ, LÊ!

DOMÍNIO PÚBLICO.

C cÃO

✏️ CUBRA O PONTILHADO DA LETRA **C**.

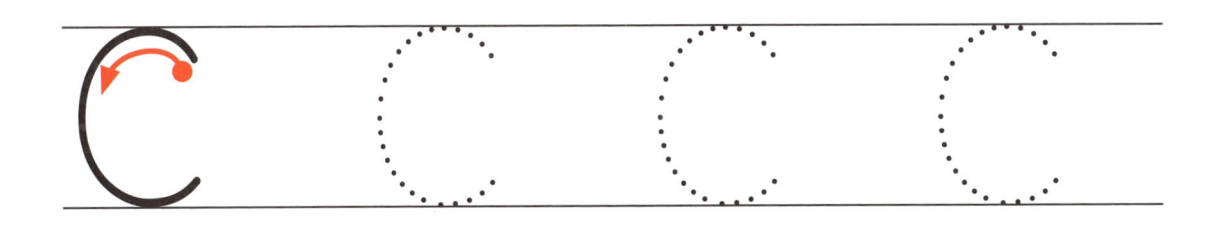

C C
c c

C C C C

DATA: ____/____/____

35

LIÇÃO 29

PINTE O ANIMAL QUE LATE NO FUNDO DO QUINTAL.

OBSERVE A CASA E CIRCULE O LOCAL ONDE ESTÁ O CACHORRINHO.

PINTE AS FIGURAS QUE TÊM O NOME INICIADO PELA LETRA **C**.

DATA: _____ / _____ / _____

36

LIÇÃO 30

ESCUTE A LEITURA DA PROFESSORA. LEIA A LETRA E O NOME DO QUE VOCÊ VÊ NA IMAGEM.

DONA DITA

O DENTE DA DITA DÓI.
DEDO, DITA, DADO, DURA.
DONA DITA ESTÁ DODÓI.
VAI USAR A DENTADURA!

PEDRO BANDEIRA. **POR ENQUANTO EU SOU PEQUENO**. SÃO PAULO: MODERNA, 2009.

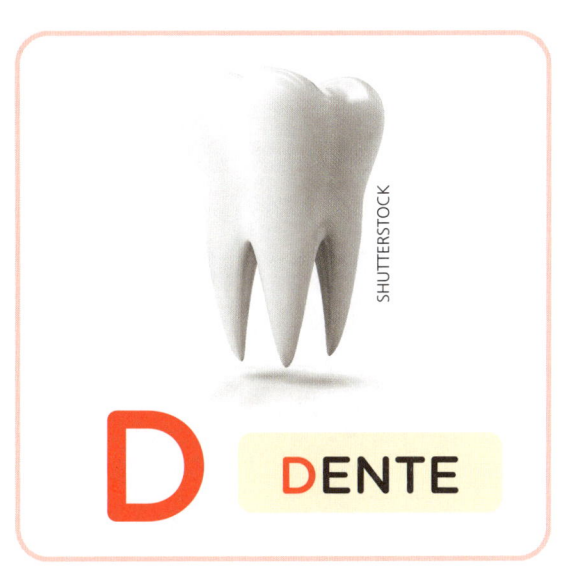

D **D**ENTE

CUBRA O PONTILHADO DA LETRA **D**.

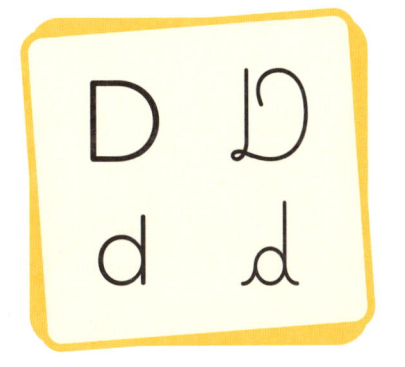

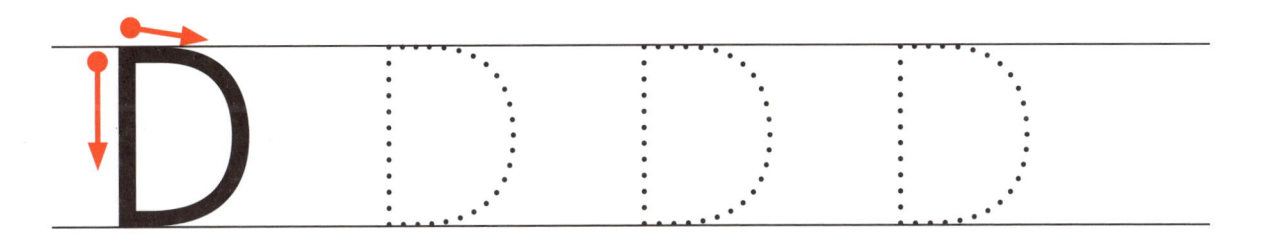

D D
d d

DATA: ____/____/____

37

LIÇÃO 31

A PROFESSORA VAI LER O POEMA MAIS UMA VEZ. CIRCULE NO POEMA AS PALAVRAS QUE COMEÇAM COM A LETRA **D**.

PINTE O QUE DÓI NA DITA.

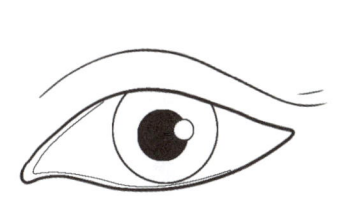

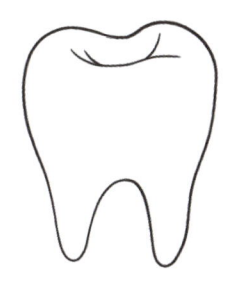

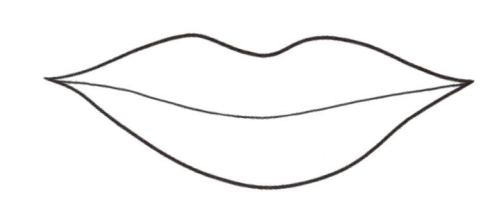

RISQUE O NOME DE QUEM ESTÁ DODÓI.

| DADÁ | DETA | DITA |

QUANTAS LETRAS TEM A PALAVRA **DENTADURA**?

| D | E | N | T | A | D | U | R | A |

LETRAS

DATA: ____/____/____

LIÇÃO 32

🗨️ ESCUTE A LEITURA DA PROFESSORA. LEIA A LETRA E O NOME DO QUE VOCÊ VÊ NA IMAGEM.

FUI AO MERCADO

FUI AO MERCADO COMPRAR CAFÉ,
UMA FORMIGUINHA SUBIU NO MEU PÉ.
EU SACUDI, SACUDI, SACUDI,
MAS A FORMIGUINHA NÃO PARAVA DE SUBIR.

DOMÍNIO PÚBLICO.

F **F**ORMIGA

✏️ CUBRA O PONTILHADO DA LETRA **F**.

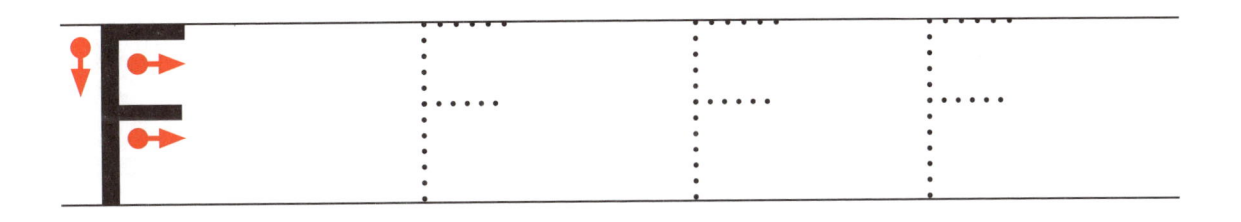

F   F
f   f

DATA: ____/____/____

39

LIÇÃO 33

✏️ CIRCULE O INSETO QUE FAZ PARTE DA CANTIGA **FUI AO MERCADO**.

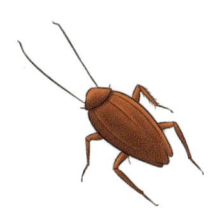

✏️ CIRCULE APENAS O PRODUTO COMPRADO NO MERCADO.

CAFÉ   MELÃO   ARROZ

🖍️ PINTE AS FIGURAS QUE TÊM O NOME INICIADO PELO MESMO SOM.

FUNIL    FOLHA    FOGO

DATA: ____/____/____

40

LIÇÃO 34

ESCUTE A LEITURA DA PROFESSORA. LEIA A LETRA E O NOME DO QUE VOCÊ VÊ NA IMAGEM.

MEU GATINHO

O MEU GATINHO
QUANDO ACORDOU
ACHOU O SEU
LEITINHO
E LOGO TOMOU.
TOMOU TODINHO,
NADA DEIXOU.
MAMÃE FELIZ FICOU.

DOMÍNIO PÚBLICO.

ALENA OZEROVA/SHUTTERSTOCK

G GATO

CUBRA O PONTILHADO DA LETRA **G**.

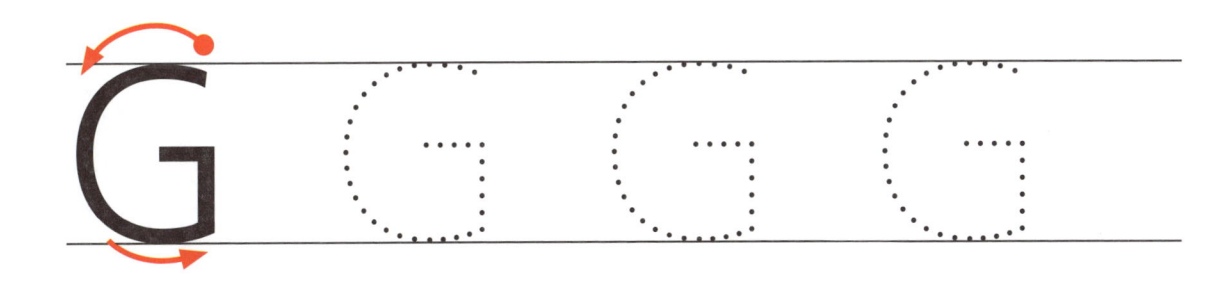

G G
g g

G G G G

DATA: ____/____/____

41

LIÇÃO 35

CIRCULE O QUE O GATINHO TOMOU QUANDO ACORDOU.

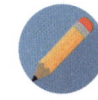

LIGUE AS FIGURAS QUE TÊM O NOME INICIADO PELO MESMO SOM.

GALO

GORILA

GUDE

GUTO

GATO

GOTA

DATA: ____/____/____

LETRA H

LIÇÃO 36

🗨️ ESCUTE A LEITURA DA PROFESSORA. LEIA A LETRA E O NOME DO QUE VOCÊ VÊ NA IMAGEM.

UM HOMEM BATEU EM MINHA PORTA
UM HOMEM BATEU
EM MINHA PORTA
E EU ABRI.
SENHORAS E SENHORES,
COLOQUEM A MÃO NO CHÃO.
SENHORAS E SENHORES,
PULEM DE UM PÉ SÓ.
SENHORAS E SENHORES,
DEEM UMA RODADINHA.
E VAMOS BRINCAR!

DOMÍNIO PÚBLICO.

H HOMEM

✏️ CUBRA O PONTILHADO DA LETRA **H**.

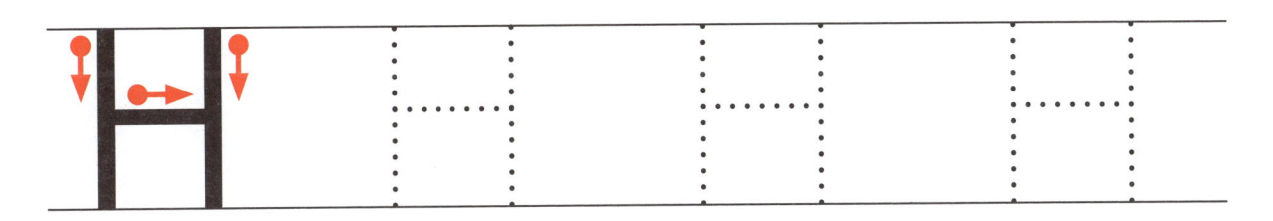

H *H*
h *h*

DATA: ____/____/____

43

LIÇÃO 37

✏️ CIRCULE QUEM BATEU À PORTA, DE ACORDO COM A PARLENDA QUE VOCÊ OUVIU.

✏️ CIRCULE AS FIGURAS QUE TÊM O NOME INICIADO COM A LETRA **H**.

HIENA    **HELICÓPTERO**    **HERÓI**

OVO 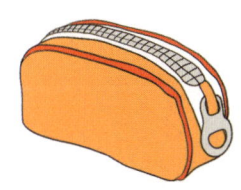   **ESTOJO** 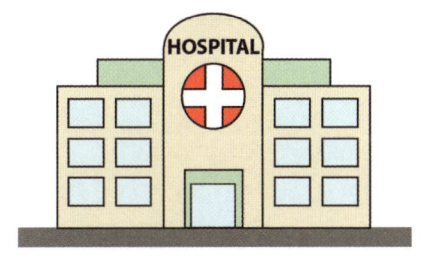   **HOSPITAL**

DATA: ____/____/____

44

LIÇÃO 38

🗨️ ESCUTE A LEITURA DA PARLENDA. LEIA A LETRA E O NOME DO QUE VOCÊ VÊ NA IMAGEM.

A JANELINHA

A JANELINHA FECHA
QUANDO ESTÁ CHOVENDO.
A JANELINHA ABRE
SE O SOL ESTÁ APARECENDO.
PRA LÁ, PRA CÁ,
PRA LÁ, PRA CÁ, PRA LÁ.

DOMÍNIO PÚBLICO.

J JANELA

✏️ CUBRA O PONTILHADO DA LETRA **J**.

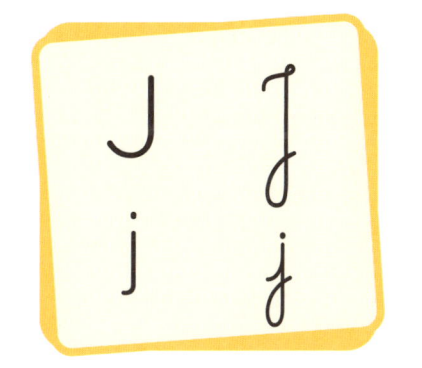

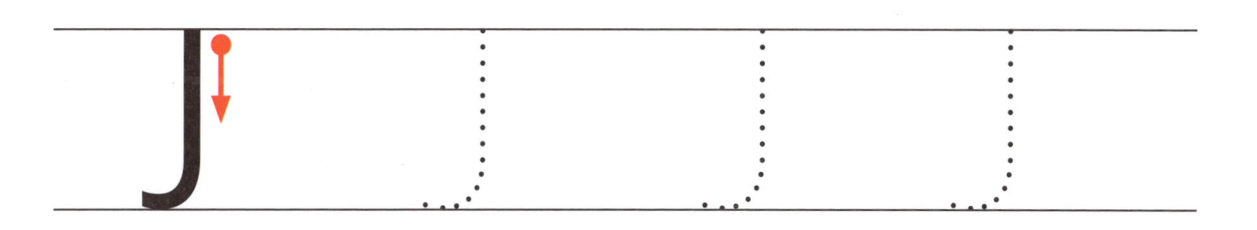

J J
j j

DATA: ____ / ____ / ____

45

LIÇÃO 39

CIRCULE A PARTE DA CASA QUE ABRE E FECHA, DE ACORDO COM A CANTIGA.

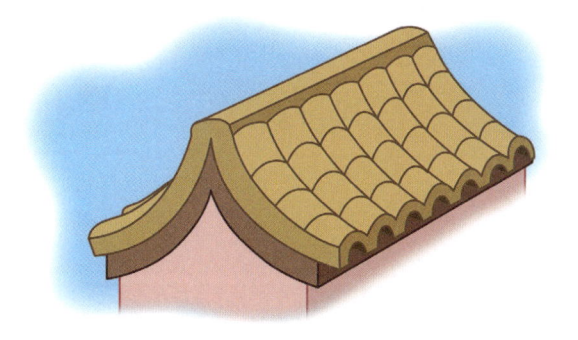

FAÇA UM **X** NAS FIGURAS QUE TÊM O NOME INICIADO PELA LETRA **J**.

| JACARÉ | JANGADA | BOLA | JIPE |

DATA: ____/____/____

46

LIÇÃO 40

ESCUTE A LEITURA DA RECEITA. LEIA A LETRA E O NOME DO QUE VOCÊ VÊ NA IMAGEM.

VITAMINA DE KIWI E BANANA

INGREDIENTES:
4 KIWIS
2 BANANAS
2 COLHERES DE SOPA DE MEL
1 IOGURTE NATURAL
1 COPO DE LEITE

PREPARAÇÃO:
PEÇA A UM ADULTO QUE DESCASQUE AS FRUTAS. COLOQUE AS FRUTAS NO LIQUIDIFICADOR. JUNTE O MEL, O IOGURTE E O LEITE E TRITURE BEM.

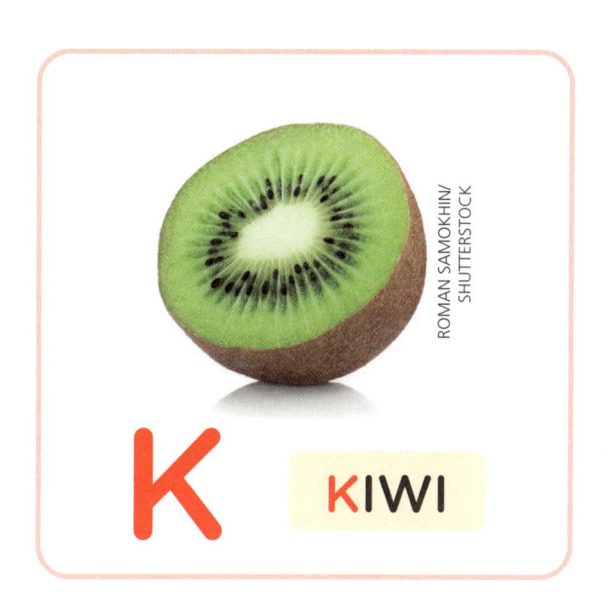

K KIWI

CUBRA O PONTILHADO DA LETRA **K**.

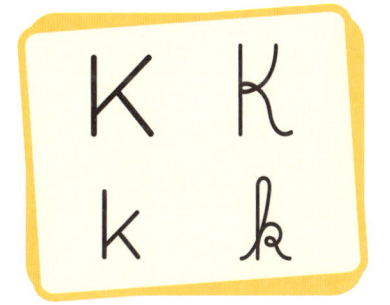

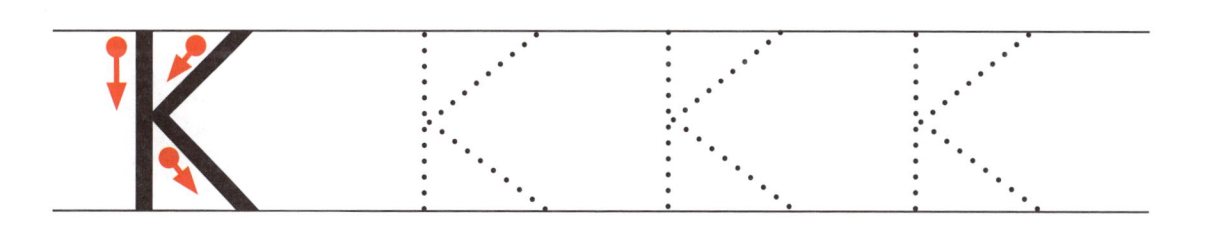

K K
k k

DATA: _____ / _____ / _____

LIÇÃO 41

✏️ CIRCULE OS INGREDIENTES QUE FAZEM PARTE DA RECEITA.

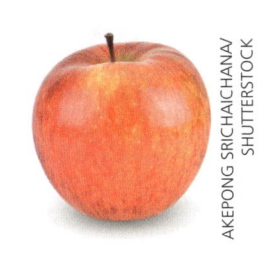

🖍️ PINTE A LETRA **K** NO NOME DE CADA CRIANÇA.

KLÉBER

KÁTIA

KAUAN

DATA: ____/____/____

48

LIÇÃO 42

CANTE COM A PROFESSORA E COM OS COLEGAS.
LEIA A LETRA E O NOME DO QUE VOCÊ VÊ NA IMAGEM.

MEU LIMÃO, MEU LIMOEIRO

MEU LIMÃO, MEU LIMOEIRO
MEU PÉ DE JACARANDÁ!
UMA VEZ, TIN-DO-LELÊ
OUTRA VEZ, TIN-DO-LALÁ.

DOMÍNIO PÚBLICO.

L LIMÃO

CUBRA O PONTILHADO DA LETRA **L**.

L L
l l

DATA: ____/____/____

LIÇÃO 43

PINTE A FRUTA QUE FAZ PARTE DO TEXTO DA CANTIGA.

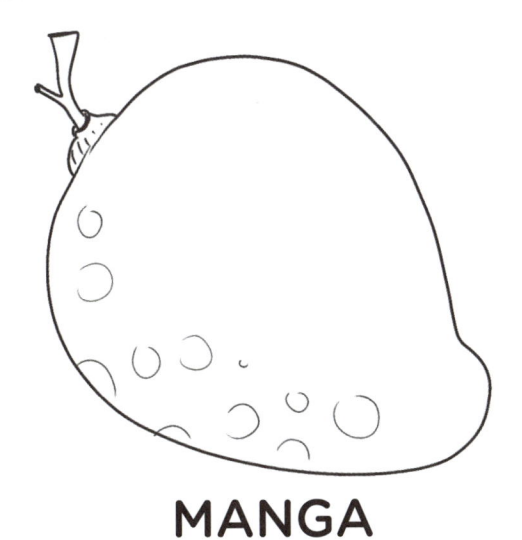

LARANJA   LIMÃO   MANGA

ACOMPANHE A LEITURA QUE A PROFESSORA VAI FAZER. DEPOIS, PINTE A RESPOSTA DA ADIVINHA.

O QUE É, O QUE É?
TEM NA LATA, TEM NO LAGO
NA LARANJA E NO LIMÃO
TEM NOS LÁBIOS DA DULCINHA
NA LAGARTA E NO LEITÃO.

DOMÍNIO PÚBLICO.

A LETRA O

A LETRA L

DATA: ____/____/____

50

LIÇÃO 44

🗨️ CANTE COM OS COLEGAS E COM A PROFESSORA. LEIA A LETRA E O NOME DO QUE VOCÊ VÊ NA IMAGEM.

A MINHOCA

MINHOCA, MINHOCA,
ME DÁ UMA BEIJOCA!
NÃO DOU, NÃO DOU.
ENTÃO VOU RESPEITAR!

MINHOCO, MINHOCO,
VOCÊ É MUITO FOFO!
BEIJO NÃO PODE SER ROUBADO!
É BOM SER RESPEITADO.

DOMÍNIO PÚBLICO.

M MINHOCA

✏️ CUBRA O PONTILHADO DA LETRA **M**.

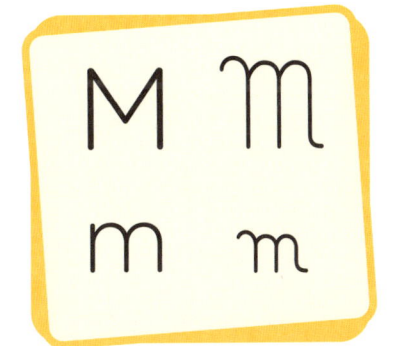

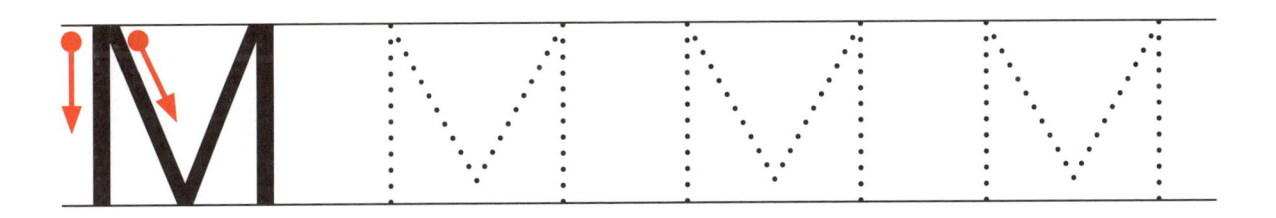

M M
m m

DATA: ____/____/____

51

LIÇÃO 45

PINTE O TÍTULO DA CANTIGA.

A MACACA   A MINHOCA   A MOSCA

PINTE OS PERSONAGENS QUE ESTÃO CONVERSANDO NA CANTIGA.

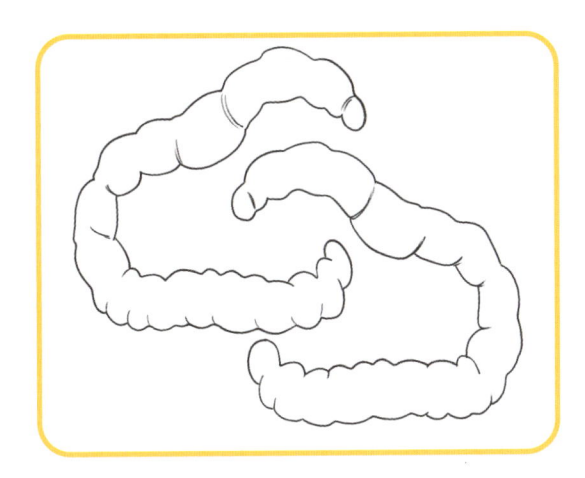

CIRCULE AS FIGURAS QUE TÊM O NOME INICIADO PELA LETRA **M**.

MENINO   MULA   LUA   MALA

DATA: ___/___/___

52

CANTE COM OS COLEGAS E COM A PROFESSORA. LEIA A LETRA E O NOME DO QUE VOCÊ VÊ NA IMAGEM.

A ARCA DE NOÉ

LÁ VEM O SEU NOÉ, COMANDANDO O BATALHÃO,
MACACO VEM SENTADO NA CORCUNDA DO LEÃO.
O GATO FAZ MIAU, MIAU, MIAU.
O CACHORRO LULU FAZ UAU, UAU, UAU, UAU.
O PERU FAZ GLU, GLU, O CARNEIRO FAZ MÉ
E O GALO GARNIZÉ, QUERÉ, QUERÉ, QUERÉ, QUERÉ.

DOMÍNIO PÚBLICO.

N NOÉ

CUBRA O PONTILHADO DA LETRA **N**.

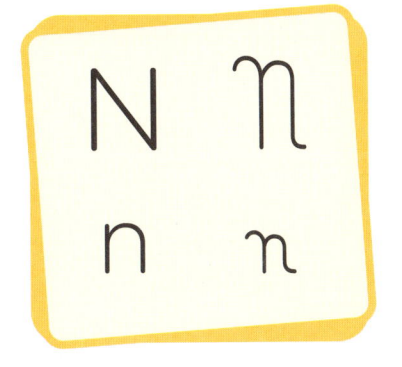

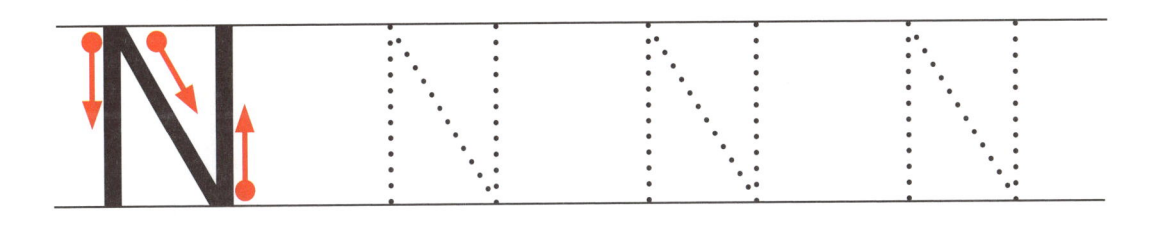

N N
n n

DATA: ___/___/___

53

LIÇÃO 47

PINTE OS ANIMAIS QUE FAZEM PARTE DO BATALHÃO DE SEU NOÉ.

PINTE AS FIGURAS QUE TÊM O NOME INICIADO PELA LETRA **N**.

| NOVELO | CAVALO | NAVIO | BONECA | NUVEM | NOVE |

DATA: _____/_____/_____

54

LIÇÃO 48

🗨 CANTE COM A PROFESSORA E OS COLEGAS. LEIA A LETRA E O NOME DO QUE VOCÊ VÊ NA IMAGEM.

O PIÃO
O PIÃO ENTROU NA RODA, Ó PIÃO!
O PIÃO ENTROU NA RODA, Ó PIÃO!
RODA, Ó PIÃO! BAMBEIA, Ó PIÃO!
RODA, Ó PIÃO! BAMBEIA, Ó PIÃO!

DOMÍNIO PÚBLICO.

LUIS CARLOS TORRES/SHUTTERSTOCK

P PIÃO

✏ CUBRA O PONTILHADO DA LETRA **P**.

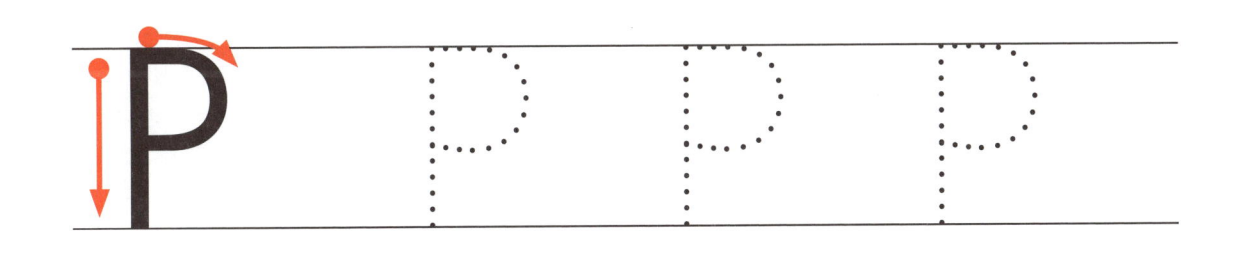

P p
p p

P P P P

DATA: ____/____/____

55

LIÇÃO 49

✏️ CIRCULE O BRINQUEDO CITADO NA CANTIGA.

✏️ CONTE QUANTAS LETRAS TEM A PALAVRA **PIÃO**. FAÇA TRACINHOS PARA REPRESENTAR A QUANTIDADE.

PIÃO

🖍️ PINTE AS FIGURAS QUE TÊM O NOME INICIADO PELA LETRA **P**.

PEIXE    PAPAGAIO    GATO    PIRULITO

DATA: ____/____/____

56

LIÇÃO 50

🗨️ ESCUTE A LEITURA DO POEMA. LEIA A LETRA E O NOME DO QUE VOCÊ VÊ NA IMAGEM.

QUATI

QUATI POR AQUI
QUASE NÃO SE VÊ.
AMIGO QUATI,
ONDE ESTÁ VOCÊ?

NÍLSON JOSÉ MACHADO. **BICHIONÁRIO**.
SÃO PAULO: ESCRITURAS, 2010.

Q QUATI

✏️ CUBRA O PONTILHADO DA LETRA **Q**.

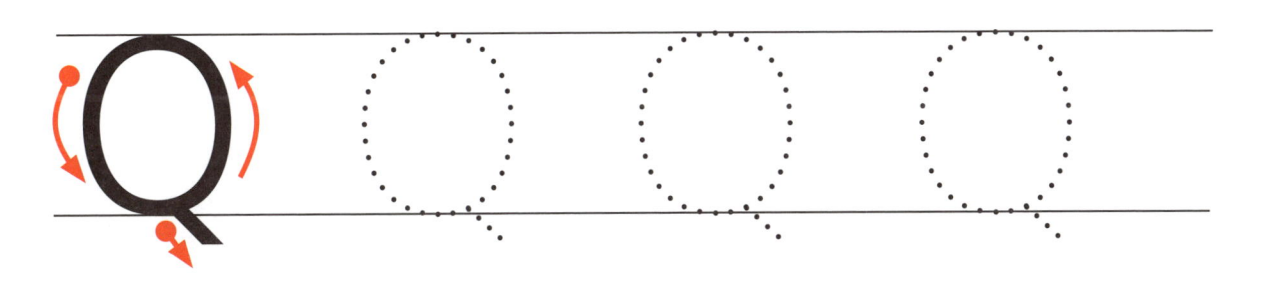

DATA: ____/____/____

LIÇÃO 51

DATA: ___/___/___

✏️ CIRCULE O ANIMAL CITADO NO POEMA.

✏️ OUÇA A LEITURA DAS PALAVRAS. LIGUE CADA PALAVRA À IMAGEM CORRESPONDENTE.

QUADRO

QUATI

QUEIJO

TATIANA POPOVA

GOLF_CHALERMCHAI/ SHUTTERSTOCK

ROSA JAY/ SHUTTERSTOCK

LIÇÃO 52

ESCUTE A LEITURA DO TRAVA-LÍNGUA. LEIA A LETRA E O NOME DO QUE VOCÊ VÊ NA IMAGEM.

O RATO ROEU

O RATO ROEU A ROUPA
DO REI DE ROMA.
A RAINHA, COM RAIVA,
RESOLVEU REMENDAR
O RATO ROEU A ROUPA
DO REI DA RÚSSIA.
O RATO A ROER ROÍA.
E A ROSA RITA RAMALHO
DO RATO A ROER SE RIA.

DOMÍNIO PÚBLICO.

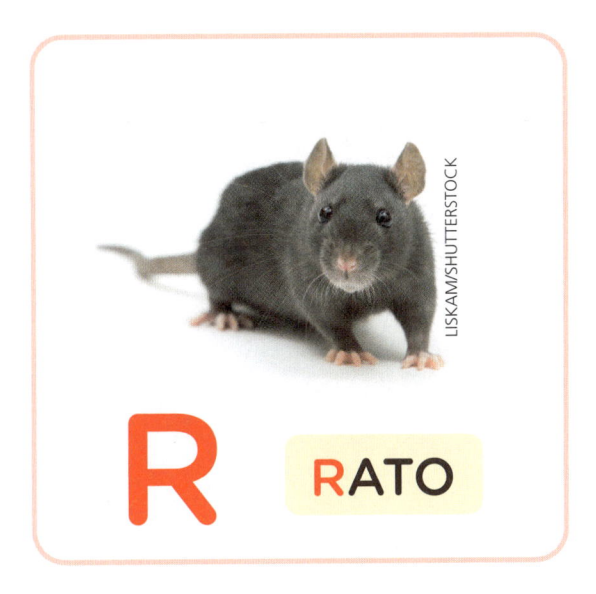

LISKAM/SHUTTERSTOCK

R

RATO

✏️ CUBRA O PONTILHADO DA LETRA **R**.

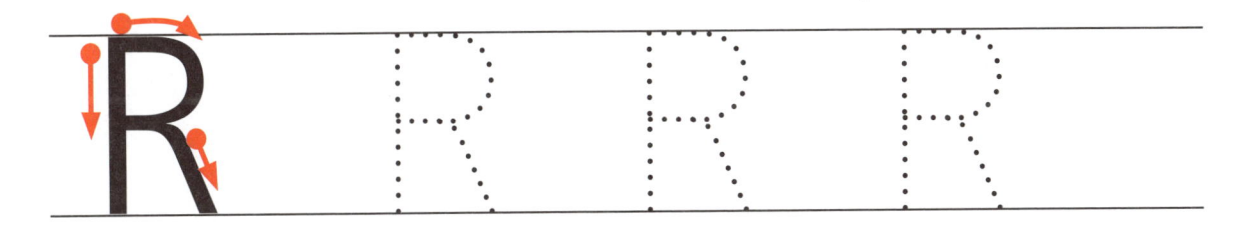

R r
R r

DATA: ___/___/___

59

DATA: ___/___/___

LIÇÃO 53

✏️ COMPLETE O NOME DAS FIGURAS COM A LETRA **R**.

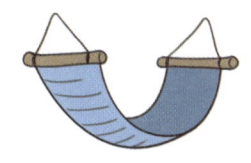

_____ELÓGIO

_____AQUETE

_____EDE

_____OSA

✏️ CIRCULE QUEM REMENDOU A ROUPA DO REI DE ROMA.

✏️ CIRCULE O ANIMAL QUE ROEU A ROUPA DO REI.

LIÇÃO 54

DATA: ___/___/___

🌶️ CANTE COM OS COLEGAS E COM A PROFESSORA.

LEIA A LETRA E O NOME DO QUE VOCÊ VÊ NA IMAGEM.

SAPO-CURURU

SAPO-CURURU
NA BEIRA DO RIO,
QUANDO O SAPO GRITA, Ó MANINHA,
DIZ QUE ESTÁ COM FRIO.
A MULHER DO SAPO
É QUEM ESTÁ LÁ DENTRO.
FAZENDO RENDINHA, Ó MANINHA,
PARA O CASAMENTO.

DOMÍNIO PÚBLICO.

S SAPO

GETTY IMAGES/ISTOCKPHOTO

✏️ CUBRA O PONTILHADO DA LETRA **S**.

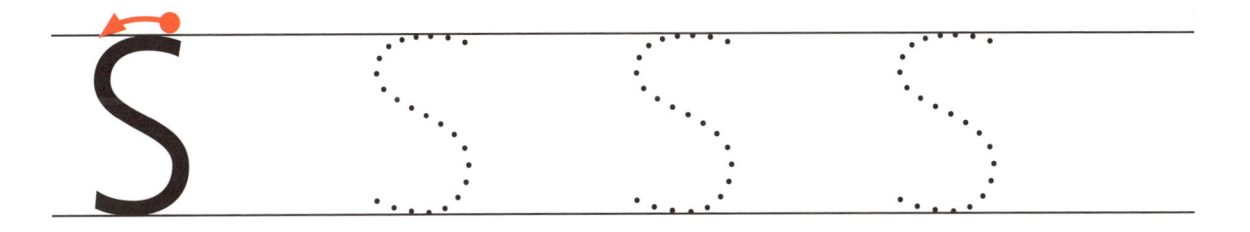

S

S   s
δ   ઠ

LIÇÃO 55

COMO O SAPO ESTAVA NA BEIRA DO RIO? PINTE.

DESENHE A MULHER DO SAPO.

CIRCULE A FIGURA QUE TEM O NOME INICIADO COM O MESMO SOM DE **SAPO**.

SAPATO   SOFÁ   SINO

DATA: _____ / _____ / _____

LETRA T

LIÇÃO 56

ESCUTE A LEITURA DO TRAVA-LÍNGUA.

LEIA A LETRA E O NOME DO QUE VOCÊ VÊ IMAGEM.

O TATU

— ALÔ, O TATU TAÍ?
— NÃO, O TATU NÃO TÁ.
MAS A MULHER DO TATU TANDO
É O MESMO QUE O TATU TÁ.
— ENTÃO TÁ!

DOMÍNIO PÚBLICO.

T TATU

CUBRA O PONTILHADO DA LETRA **T**.

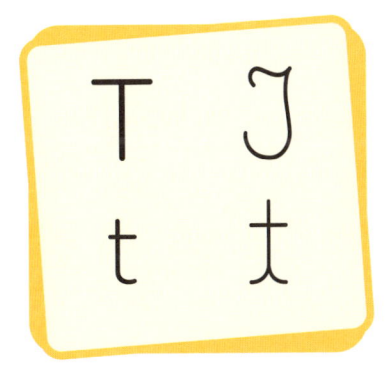

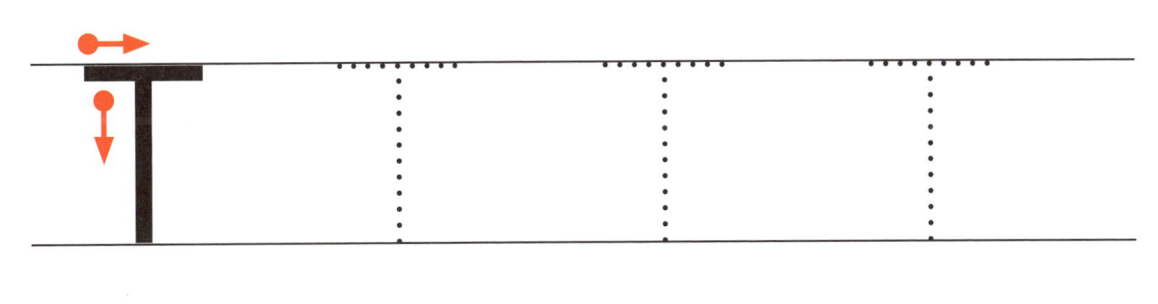

T T
t t

DATA: ____/____/____

63

PINTE O ANIMAL COM QUEM QUERIAM FALAR AO TELEFONE.

CIRCULE O MEIO DE COMUNICAÇÃO QUE FOI UTILIZADO PARA FALAR COM O TATU.

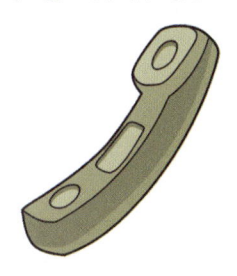

PINTE COM A MESMA COR OS QUADRINHOS DAS PALAVRAS QUE COMEÇAM COM O MESMO SOM.

| TELEVISÃO | TOALHA | TAPETE |
| TATU | TELEFONE | TOMATE |

DATA: _____ / _____ / _____

64

LIÇÃO 58

ESCUTE A LEITURA DA QUADRINHA.

LEIA A LETRA E O NOME DO QUE VOCÊ VÊ NA IMAGEM.

EU TENHO UMA VACA LEITEIRA

EU TENHO UMA VACA LEITEIRA
QUE DÁ LEITE DE TODA MANEIRA.
COM O LEITE DA VACA MALHADA
FAÇO QUEIJO E COALHADA.

DOMÍNIO PÚBLICO.

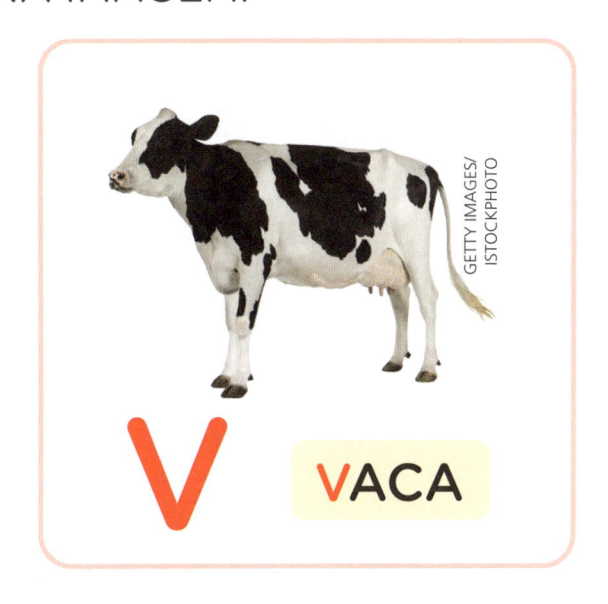

V **V**ACA

CUBRA O PONTILHADO DA LETRA V.

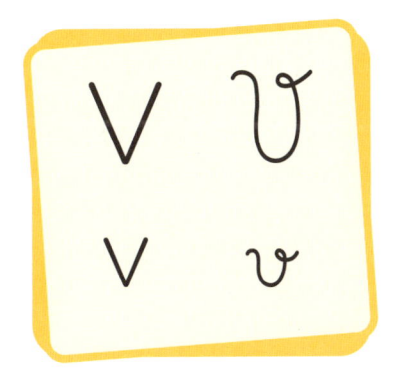

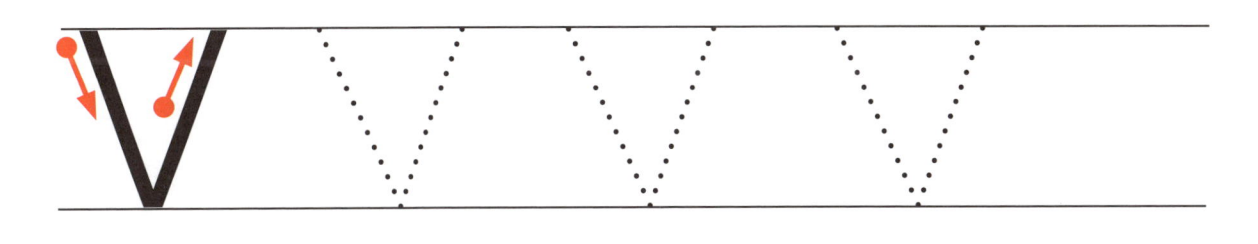

V V
v v

DATA: ____/____/____

65

LIÇÃO 59

DATA: ___/___/___

V I O L Ã O

V O V Ó

A V I Ã O

V E L A

✏️ ENCONTRE A LETRA **V** NAS PALAVRAS E PINTE-AS.

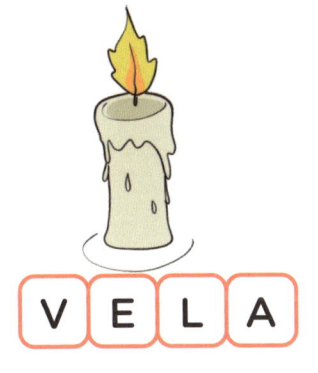

🖍️ PINTE O ANIMAL CITADO NA QUADRINHA.

DATA: ___/___/___

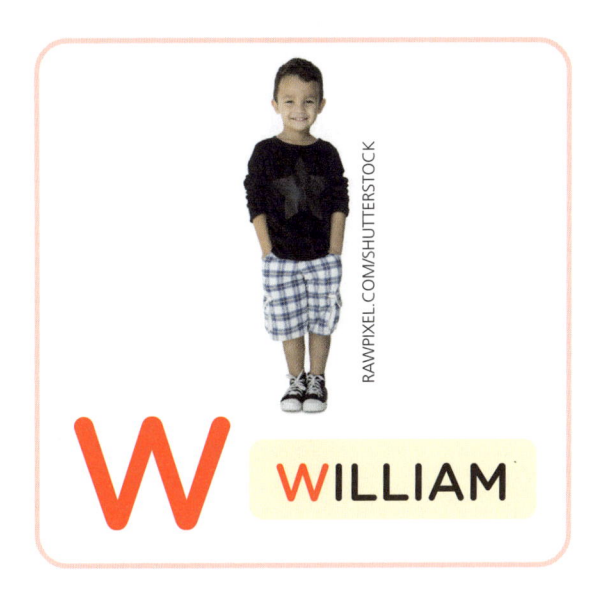

67

✏️ CUBRA O PONTILHADO DA LETRA **W**.

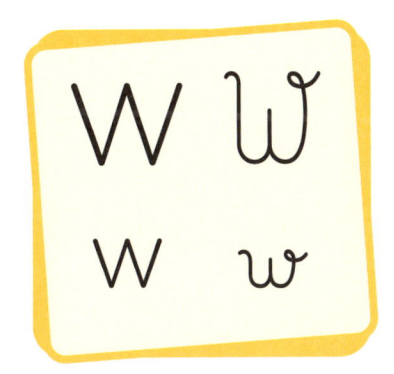

W w
W w

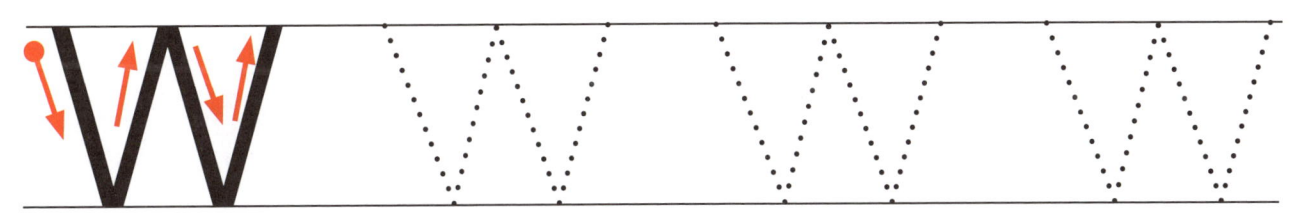

🌶️ ESCUTE A LEITURA DA QUADRINHA. LEIA A LETRA E O NOME DA IMAGEM.

COM W ESCREVO

COM **W** ESCREVO
NOMES DE GENTE,
COMO WILLIAM E WILMA,
E NÃO ACHO DIFERENTES.

DOMÍNIO PÚBLICO.

W **W**ILLIAM

RAWPIXEL.COM/SHUTTERSTOCK

LIÇÃO 61

DATA: ___/___/_____

PINTE A LETRA CITADA NO TEXTO. QUAL É O NOME DESSA LETRA?

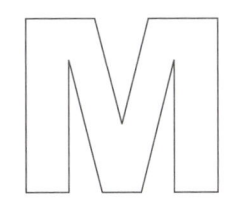

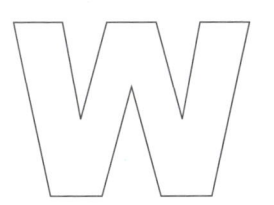

W M

CONTE E ESCREVA QUANTOS NOMES DE PESSOAS SÃO CITADOS NA QUADRINHA.

PINTE A LETRA **W** DO NOME DE CADA CRIANÇA.

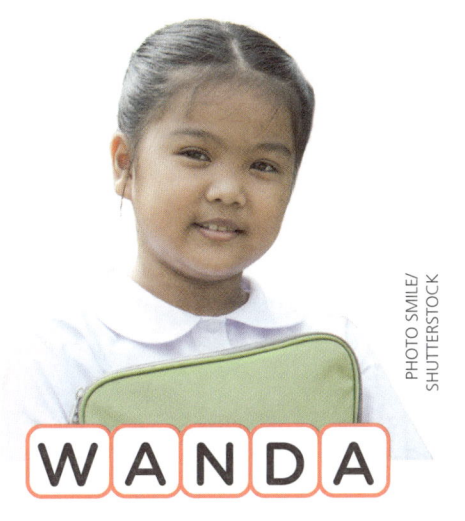

WANDA

PHOTO SMILE/SHUTTERSTOCK

WAGNER

SIRO46/SHUTTERSTOCK

WILSON

SAMUEL BORGES PHOTOGRAPHY/SHUTTERSTOCK

89

DATA: ___/___/___

CUBRA O PONTILHADO DA LETRA X.

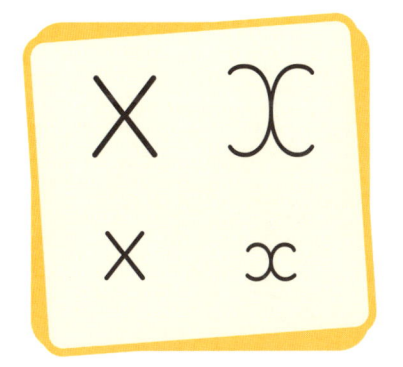

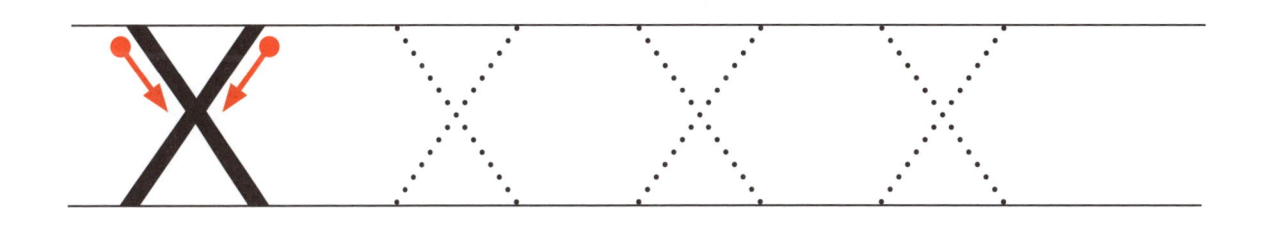

X x
X x

ESCUTE A LEITURA DA QUADRINHA. LEIA A LETRA E O NOME DO QUE VOCÊ VÊ NA IMAGEM.

ERA UMA VEZ

ERA UMA VEZ
UM GATO XADREZ QUE
MEXEU NO LIXO
DO VIZINHO CHINÊS.

QUADRINHA ELABORADA PELAS
AUTORAS DESTA COLEÇÃO.

X XADREZ

DDDELLVSHUTTERSTOCK

LIÇÃO 62

DATA: ___/___/___

ABACAXI   XILOFONE   XAROPE

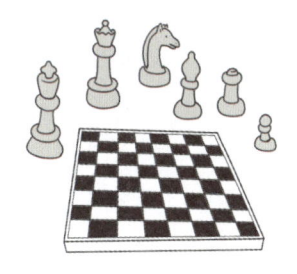

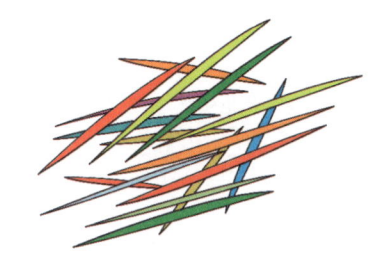

✏️ COMPLETE AS PALAVRAS COM A LETRA **X**.

✏️ XADREZ TAMBÉM É O NOME DE UM JOGO. CIRCULE O JOGO DE XADREZ.

🖍️ PINTE O GATO XADREZ.

LIÇÃO 63

LIÇÃO 64

🌶️ ESCUTE A LEITURA DA QUADRINHA. LEIA A LETRA E O NOME DA CRIANÇA.

A LETRA Y

O **Y** É UMA LETRA DIFERENTE QUE TEM O SOM DO **I**.

COM ELA ESCREVEMOS VÁRIOS NOMES, COMO YURI, YOLANDA E YASMIN.

QUADRINHA ELABORADA PELAS AUTORAS DESTA COLEÇÃO.

YURI

SAMUEL BORGES PHOTOGRAPHY/ SHUTTERSTOCK

✏️ CUBRA O PONTILHADO DA LETRA **Y**.

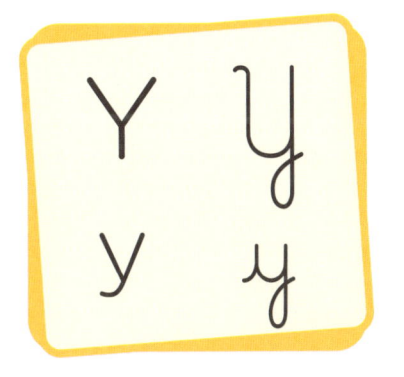

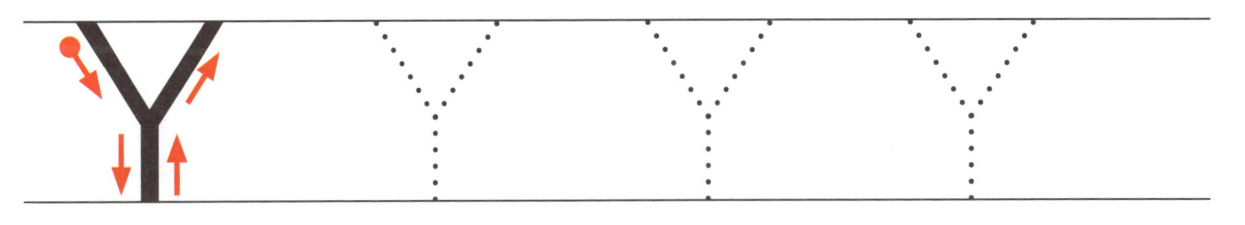

DATA: ___/___/___

LIÇÃO 65

DATA: ___/___/___

72

YAGO

FAB_1/SHUTTERSTOCK

YASMIN

JEKA/SHUTTERSTOCK

YOLANDA

JEKA/SHUTTERSTOCK

PINTE A LETRA **Y** NO NOME DE CADA CRIANÇA.

PINTE A VOGAL QUE TEM O MESMO SOM DA LETRA **Y**. QUAL É O NOME DESSA LETRA?

(A) (I) (U)

DATA: ___/___/___

73

CUBRA O PONTILHADO DA LETRA Z.

Z

z
z

$\mathcal{Z}$
$\mathcal{z}$

BOA NOITE

A ZEBRA QUIS
IR PASSEAR,
MAS A INFELIZ
FOI PARA A CAMA.
— TEVE QUE SE DEITAR
PORQUE ESTAVA DE PIJAMA.

SIDÔNIO MURALHA. **A TELEVISÃO DA BICHARADA**. SÃO PAULO: GLOBAL, 2003.

Z ZEBRA

KWADRAT/ SHUTTERSTOCK

ESCUTE A LEITURA DO POEMA. LEIA A LETRA E O NOME DO QUE VOCÊ VÊ NA IMAGEM.

LIÇÃO 66

LETRA Z

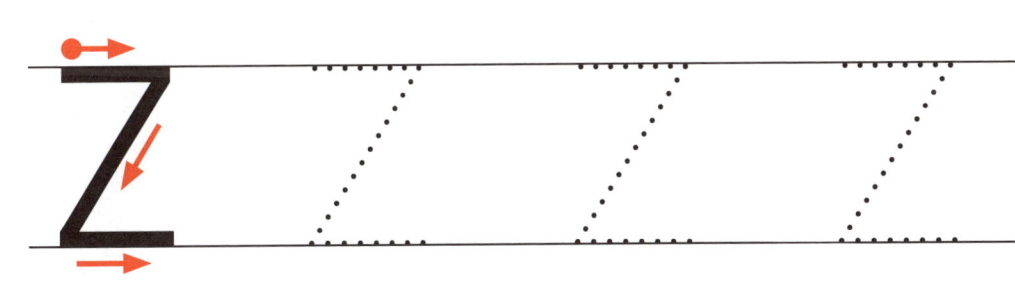

LIÇÃO 67

DE ACORDO COM O TEXTO, PARA ONDE A ZEBRA TEVE QUE IR? MARQUE UM **/**.

PINTE COMO A ZEBRA ESTAVA VESTIDA.

PINTE AS FIGURAS QUE TÊM O NOME INICIADO PELA LETRA **Z**.

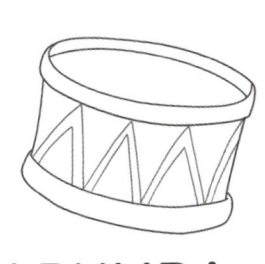

ZABUMBA  — BUZINA 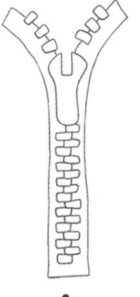 — ZÍPER  — ZEBRA

DATA: ____/____/____

ALFABETO

LIÇÃO 68

VOCÊ JÁ CONHECE TODO O ALFABETO. COPIE AS LETRAS NOS QUADROS.

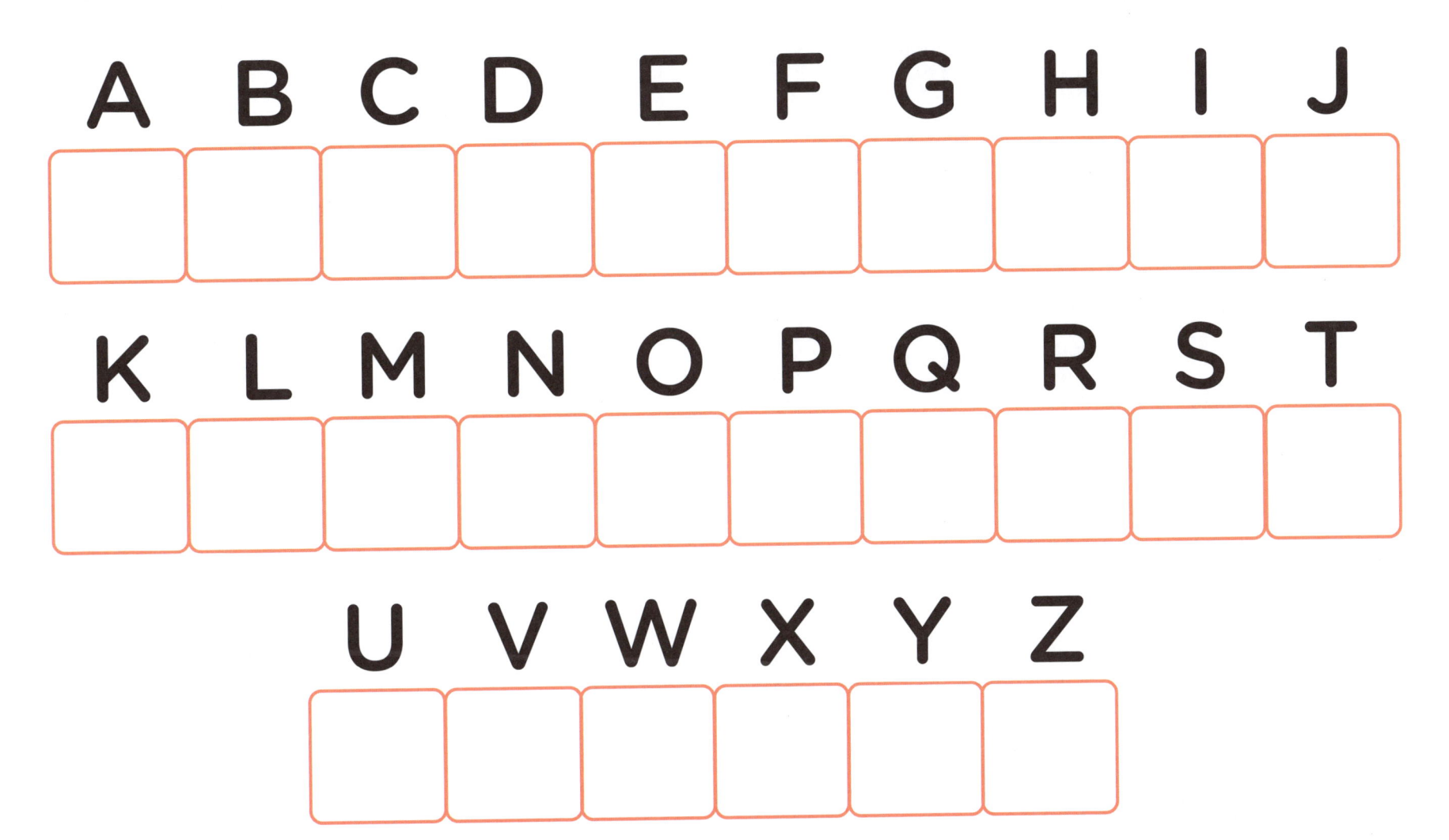

A B C D E F G H I J

K L M N O P Q R S T

U V W X Y Z

DATA: ____/____/____

75

LIÇÃO 69

ESCUTE COM ATENÇÃO AS ADIVINHAS E CIRCULE A FIGURA QUE CORRESPONDE À RESPOSTA DE CADA UMA DELAS.

O QUE É, O QUE É?
ENCHE UMA CASA, MAS NÃO ENCHE UMA MÃO.

O QUE É, O QUE É?
TEM COROA, MAS NÃO É REI.

O QUE É, O QUE É?
TEM BICO, MAS NÃO É AVE.
TEM ASA, MAS NÃO VOA.

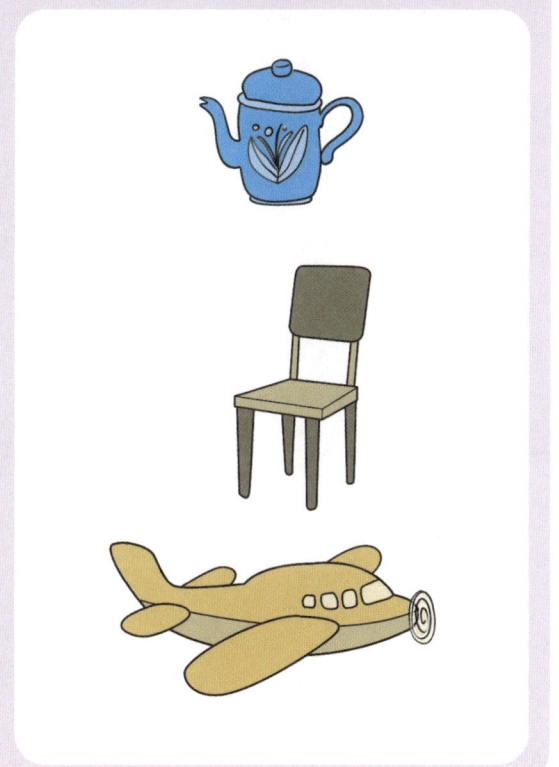

DATA: ____/____/____

MATEMÁTICA

PINTE AS FORMAS **IGUAIS** COM AS MESMAS CORES.
RISQUE A FORMA **DIFERENTE**.

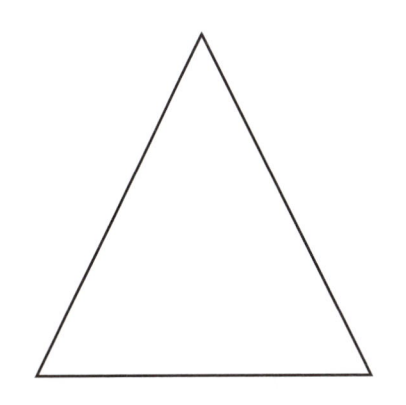

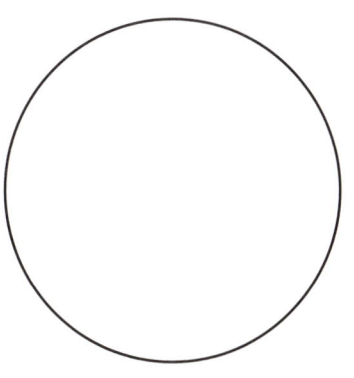

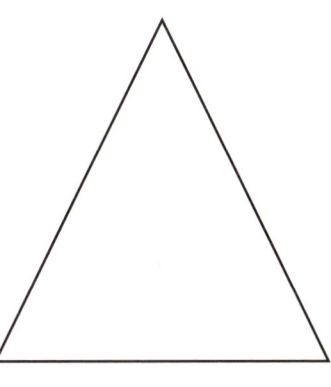

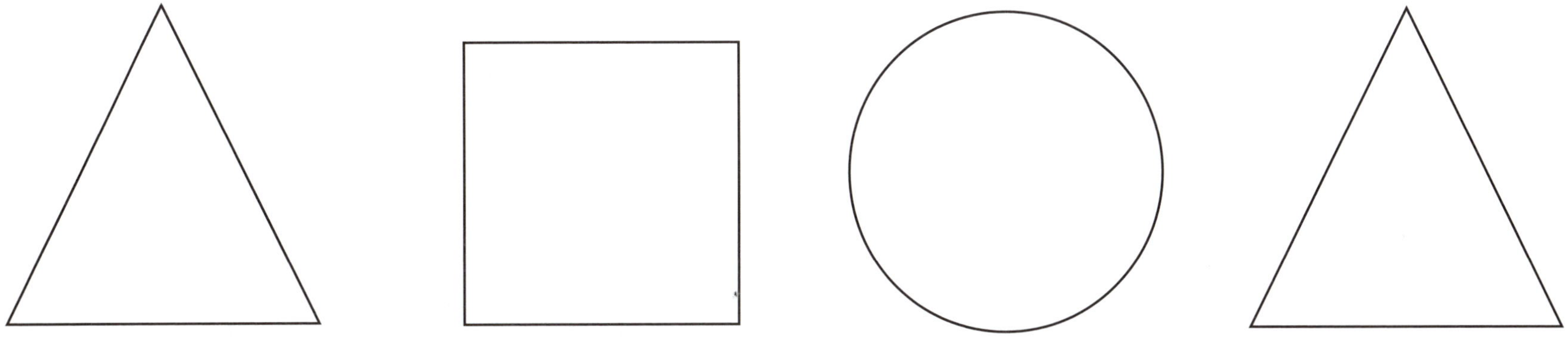

| TRIÂNGULO | QUADRADO | CÍRCULO | TRIÂNGULO |

| RETÂNGULO | TRIÂNGULO | QUADRADO | CÍRCULO |

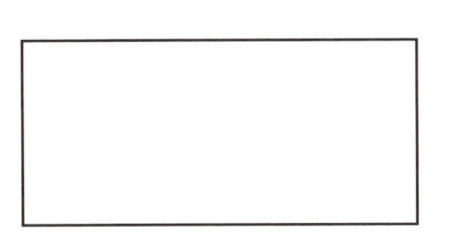

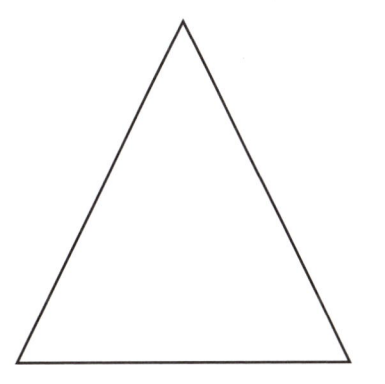

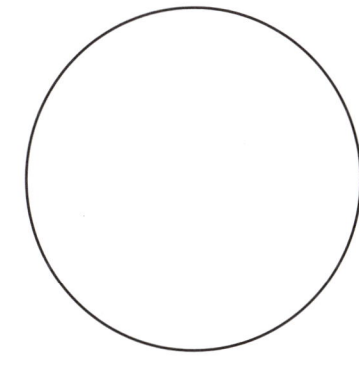

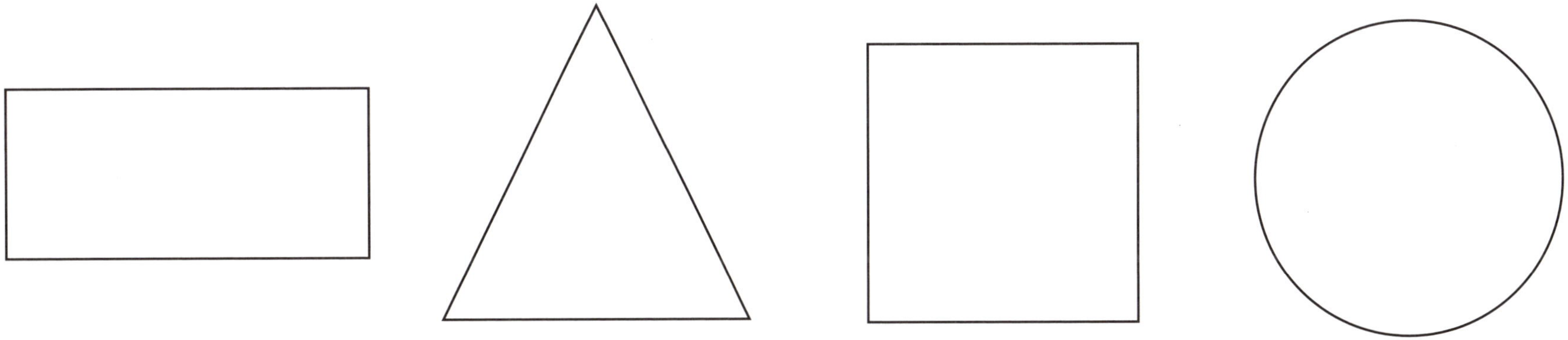

DATA: ____ /____ /____

LIÇÃO 71

COMPLETE AS SEQUÊNCIAS COLORINDO AS FORMAS.

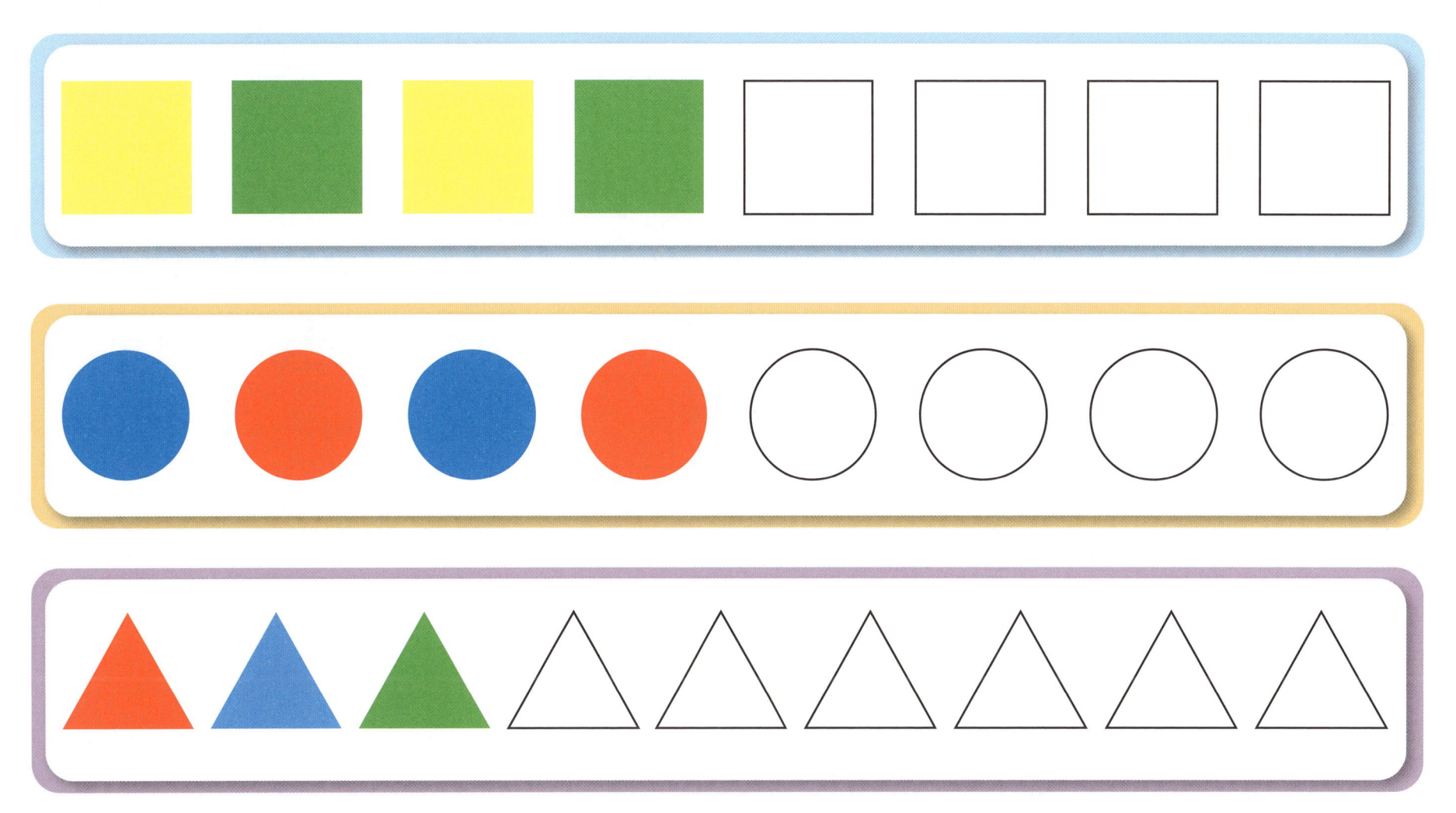

79

LIÇÃO 72

DE ACORDO COM A HISTÓRIA QUE A PROFESSORA LEU, COLE OS ADESIVOS DA PÁGINA 208 CONFORME O TAMANHO DOS TRÊS URSOS.

URSO **PEQUENO**   URSO **MÉDIO**   URSO **GRANDE**

DATA: _____ / _____ / _____

80

LIÇÃO 73

ESCUTE O QUE A PROFESSORA VAI LER E PINTE AS TIGELAS COM AS CORES INDICADAS.

- A TIGELA DO PAPAI URSO É GRANDE E TEM **MUITAS** FRUTAS.
- A TIGELA DA MAMÃE URSA É MENOR DO QUE A DO PAPAI URSO E TEM **POUCAS** FRUTAS.
- A TIGELA DO BEBÊ URSO É PEQUENA E NÃO TEM **NENHUMA** FRUTA.

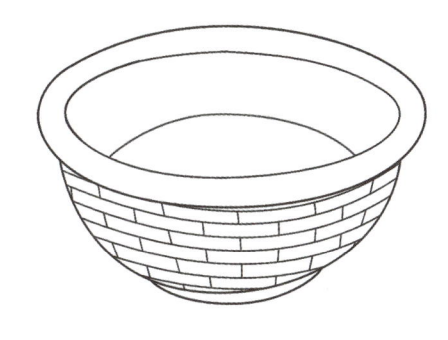

DATA: _____/_____/_____

CIRCULE O NINHO QUE TEM **MUITOS** PASSARINHOS.
RISQUE O NINHO QUE TEM **POUCOS** PASSARINHOS.
PINTE O NINHO QUE NÃO TEM **NENHUM** PASSARINHO.

DATA: ____/____/____

COLE OS ADESIVOS DOS BRINQUEDOS **DENTRO** DA CAIXA.
COLE OS ADESIVOS DOS MATERIAIS ESCOLARES **FORA** DA CAIXA.
PARA ESTA LIÇÃO, USE OS ADESIVOS DA PÁGINA 209.

DATA: _____ /_____ /_____

LIÇÃO 76

OBSERVE AS TORRES DE CUBOS QUE RONI E DANILO MONTARAM.
PINTE DE AZUL A TORRE MAIS **ALTA**.
PINTE DE VERMELHO A TORRE MAIS **BAIXA**.

RONI

DANILO

QUAL É O NOME DO MENINO QUE MONTOU A TORRE MAIS **BAIXA**?

DESENHE UMA TORRE MAIS **ALTA** DO QUE A DE RONI.

DATA: ____/____/____

LIÇÃO 77

OBSERVE AS CORDAS QUE OS MENINOS VÃO USAR PARA BRINCAR.
MARQUE UM **X** NA CORDA MAIS **COMPRIDA**.
PASSE GIZ DE CERA NA CORDA MAIS **CURTA**.

DATA: _____ / _____ / _____

85

LIÇÃO 78

PARA ESTA LIÇÃO, USE OS ADESIVOS DA PÁGINA 209. OBSERVE AS ESTRADAS. ELAS TÊM A MESMA LARGURA? COLE O CARRO NA ESTRADA MAIS **LARGA** E A BICICLETA NA ESTRADA MAIS **ESTREITA**.

DATA: _____/_____/_____

86

LIÇÃO 79

CIRCULE O LIVRO **MENOR**. PINTE O LIVRO **MAIOR**.

PINTE O LÁPIS **GROSSO**. CIRCULE O LÁPIS **FINO**.

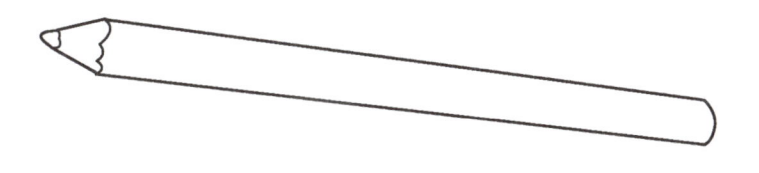

DATA: ____/____/____

LIÇÃO 80

PINTE A GIRAFA QUE ESTÁ **ENTRE** AS DUAS ÁRVORES.

DATA: ____ /____ /____

LIÇÃO 81

PINTE A CRIANÇA QUE ESTÁ PASSANDO **EMBAIXO** DA CORDA.
MARQUE UM **X** NA CRIANÇA QUE ESTÁ **EM CIMA** DO ESCORREGADOR.

DATA: ____/____/____

LIÇÃO 82

PINTE A CRIANÇA QUE ESTÁ **PERTO** DO GOL.
MARQUE UM **X** NA CRIANÇA QUE ESTÁ **LONGE** DO GOL.

DATA: _____ /_____ /_____

90

LIÇÃO 83

💬 QUE MÃO VOCÊ USA PARA ESCREVER: A **DIREITA** OU A **ESQUERDA**?

✏️ COM A AJUDA DE UM COLEGA, CONTORNE NO QUADRO A MÃO QUE VOCÊ USA PARA ESCREVER.

DATA: _____ / _____ / _____

LIÇÃO 84

CIRCULE AS BAILARINAS QUE ESTÃO COM OS DOIS BRAÇOS **PARA CIMA**.

DATA: ____ /____ /____

LIÇÃO 85

PINTE A CRIANÇA QUE ESTÁ **NA FRENTE** DO BAÚ.
FAÇA UM **X** NA CRIANÇA QUE ESTÁ **ATRÁS** DO BAÚ.

E A OUTRA CRIANÇA, EM QUE POSIÇÃO ELA ESTÁ EM RELAÇÃO AO BAÚ?

DATA: _____/_____/_____

LIÇÃO 86

PINTE A CAIXA QUE ESTÁ **CHEIA** DE BRINQUEDOS.
DESENHE UM BRINQUEDO NA CAIXA QUE ESTÁ **VAZIA**.

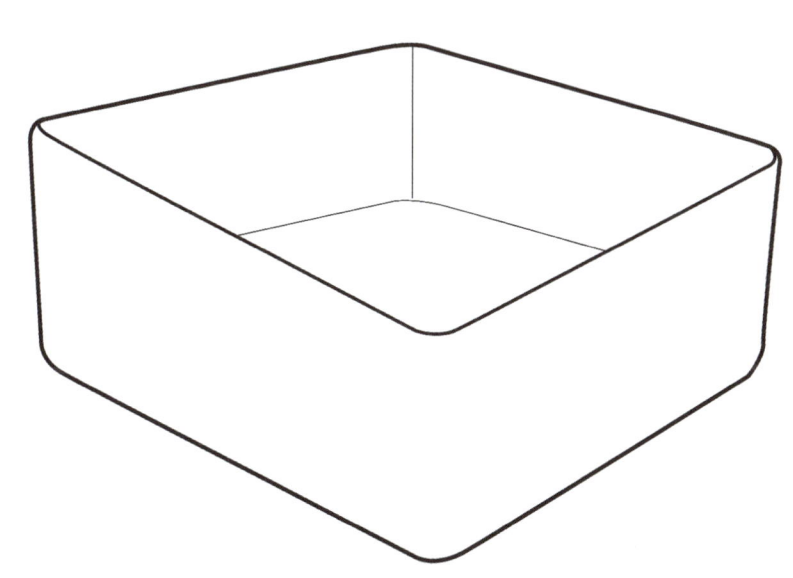

DATA: _____ /_____ /_____

LIÇÃO 87

CIRCULE AS IMAGENS QUE MOSTRAM OBJETOS MAIS **LEVES**.
RISQUE AS IMAGENS QUE MOSTRAM OBJETOS MAIS **PESADOS**.

DATA: _____ / _____ / _____

LIÇÃO 88

RISQUE AS FRUTAS **INTEIRAS**.
CIRCULE AS FRUTAS CORTADAS PELA **METADE**.

ENCONTRE A OUTRA **METADE** DE CADA GUARDA-CHUVA E PINTE DA MESMA COR.

DATA: ____/____/____

96

LIÇÃO 89

CIRCULE OS OBJETOS QUE ESTÃO **ABERTOS**.
RISQUE OS OBJETOS QUE ESTÃO **FECHADOS**.

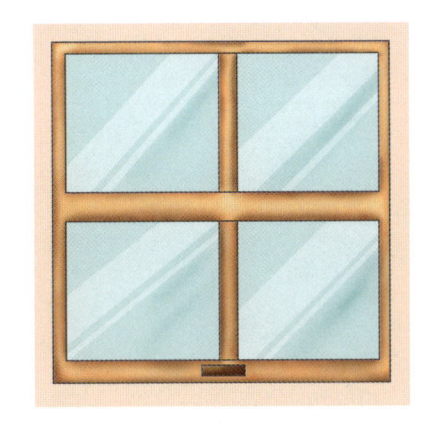

DATA: _____ / _____ / _____

LIÇÃO 90

OBSERVE AS IMAGENS E CIRCULE O QUE APARECE EM TODAS ELAS.

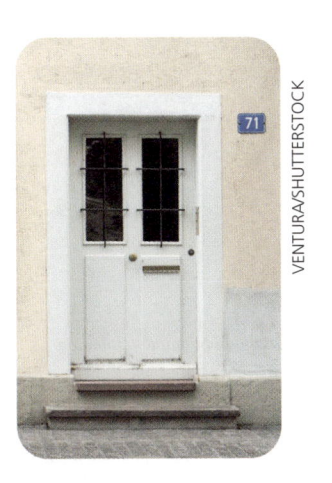

OS NÚMEROS FAZEM PARTE DA NOSSA VIDA!

DATA: _____ / _____ / _____

LIÇÃO 91

CUBRA O NÚMERO **1**.
LIGUE O NÚMERO AO GRUPO QUE TEM **1** ELEMENTO.

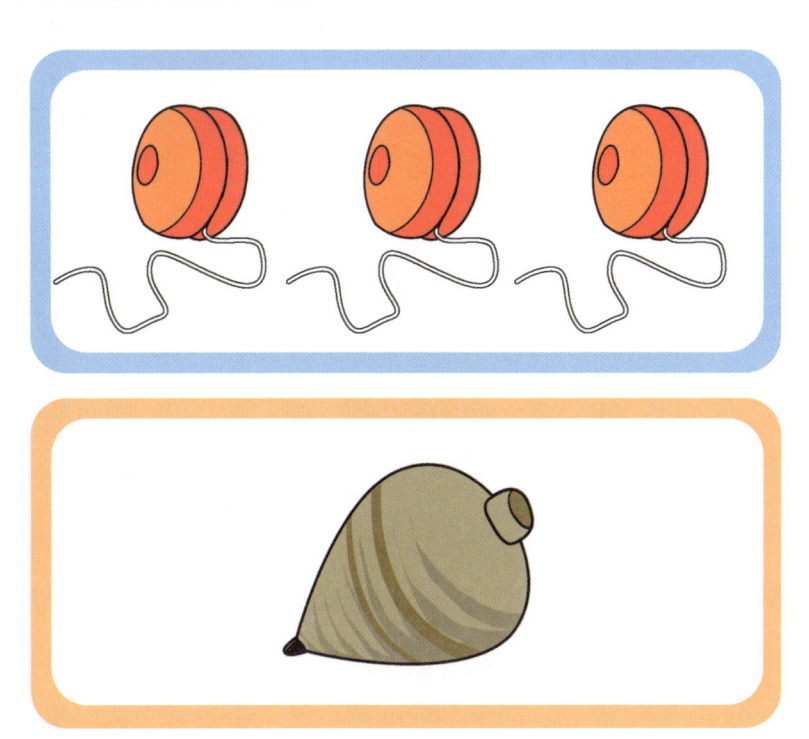

COMPLETE A LINHA COM O NÚMERO **1**.

DATA: _____ /_____ /_____

99

LIÇÃO 92

PINTE APENAS A FIGURA DOS QUADROS QUE TÊM **1** ELEMENTO.

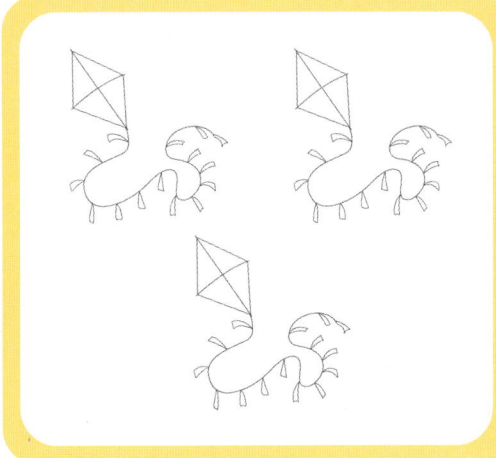

DESENHE **1** BRINQUEDO DE QUE VOCÊ GOSTA.

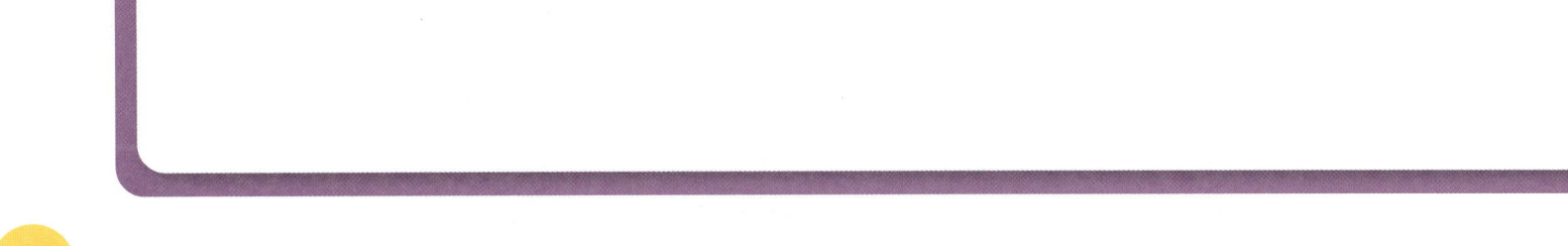

VOCÊ COSTUMA BRINCAR COM OS COLEGAS?
DE QUAL BRINCADEIRA VOCÊ MAIS GOSTA?

DATA: _____ / _____ / _____

LIÇÃO 93

✏️ CUBRA O NÚMERO **2**.
DEPOIS, COLE DOIS SAPOS NA LAGOA. USE OS ADESIVOS DA PÁGINA 209.

✏️ COMPLETE A LINHA COM O NÚMERO **2**.

2 _____

DATA: ____/____/____

LIÇÃO 94

OS GATINHOS ESTÃO BRINCANDO COM **2** BOLAS. DESENHE AS BOLAS AO LADO DOS GATINHOS.

ESCREVA AS RESPOSTAS NOS QUADRINHOS.

HÁ QUANTOS GATINHOS NA CENA?

QUANTAS BOLAS VOCÊ DESENHOU?

DATA: ____ / ____ / ____

LIÇÃO 95

CUBRA O NÚMERO **3**.
HÁ QUANTOS BALÕES? REPRESENTE A QUANTIDADE DELES PINTANDO O NÚMERO DE QUADRADINHOS CORRESPONDENTES.

COMPLETE A LINHA COM O NÚMERO **3**.

DATA: ____/____/____

103

LIÇÃO 96

CONTE QUANTOS ANIMAIS HÁ EM CADA QUADRO. CIRCULE O NÚMERO CORRESPONDENTE.

1   2   3

1   2   3

QUANTAS CORUJAS VOCÊ VÊ? CONTE E ESCREVA O NÚMERO CORRESPONDENTE NO QUADRO.

DATA: ____/____/____

LIÇÃO 97

CUBRA O NÚMERO **4**.
PINTE APENAS O GRUPO QUE TEM **4** ANIMAIS IGUAIS.

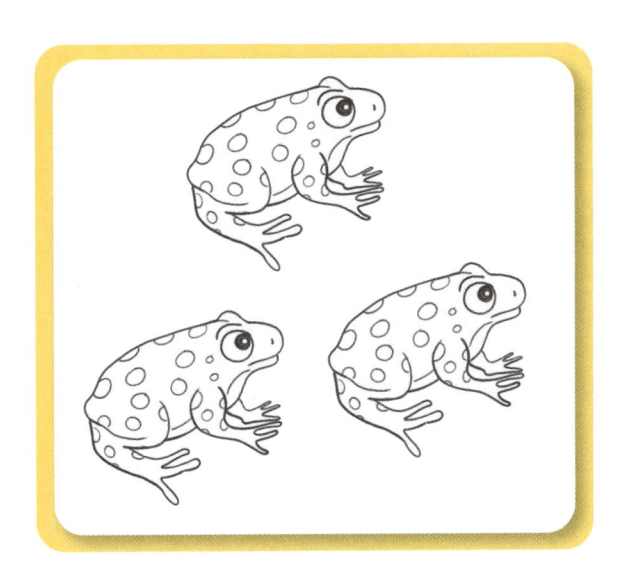

COMO O SAPO SE LOCOMOVE? IMITE-O.
QUE OUTROS ANIMAIS SE LOCOMOVEM IGUAL AO SAPO?

COMPLETE A LINHA COM O NÚMERO **4**.

DATA: ____/____/____

LIÇÃO 98

PINTE DE VERMELHO OS QUADRINHOS QUE CORRESPONDEM À ALTURA DA GIRAFA. PINTE DE VERDE OS QUADRINHOS QUE CORRESPONDEM À ALTURA DO ELEFANTE.

PINTE O NÚMERO QUE INDICA A QUANTIDADE DE QUADRINHOS PINTADOS.

2 3 4   2 3 4

DATA: ___/___/___

106

LIÇÃO 99

CUBRA O NÚMERO **5**. PINTE A MOLDURA DO PORTA-RETRATO EM QUE APARECE UM GRUPO COM **5** PESSOAS.

VOCÊ TEM MUITOS AMIGOS?
DESENHE EM UMA FOLHA VOCÊ E MAIS 4 AMIGOS.

COMPLETE A LINHA COM O NÚMERO **5**.

5

DATA: _____ / _____ / _____

LIÇÃO 100

OBSERVE A PINTURA. DEPOIS, REGISTRE A QUANTIDADE DE ELEMENTOS DESTACADOS.

FOTO: LUDMILA GUERRA

JOGANDO PETECA, DE IVAN CRUZ, 1998. ACRÍLICO SOBRE TELA, 1 M × 1,20 M.

QUANTAS PETECAS?

QUANTAS CRIANÇAS?

QUANTOS LAÇOS DE FITA?

QUANTAS CASAS?

QUANTAS PORTAS?

QUANTAS JANELAS?

DATA: ____/____/____

- CUBRA O NÚMERO **6**.
  OBSERVE AS IMAGENS E COMPLETE AS LEGENDAS COM **O** OU **A**.

MENIN____   MENIN____

- QUANTAS LETRAS TÊM AS PALAVRAS QUE VOCÊ COMPLETOU?

- COMPLETE A LINHA COM O NÚMERO **6**.

DATA: ___/___/___

LIÇÃO 102

OBSERVE A CENA. ENCONTRE E CIRCULE OS ANIMAIS ESCONDIDOS.

QUANTOS ANIMAIS VOCÊ ENCONTROU NA CENA?

DATA: _____ /_____ /_____

110

LIÇÃO 103

CUBRA O NÚMERO **7**. OUÇA A LEITURA DA PARLENDA QUE A PROFESSORA VAI FAZER.

BOCA DE FORNO

— BOCA DE FORNO! *(COMANDANTE)*
— FORNO! *(CRIANÇAS)*
— FAZ O QUE EU MANDO? *(COMANDANTE)*
— FAÇO! *(CRIANÇAS)*
— E SE NÃO FIZER? *(COMANDANTE)*
— GANHA UM BOLO! *(CRIANÇAS)*

DOMÍNIO PÚBLICO.

HÁ QUANTOS BOLINHOS? REGISTRE A QUANTIDADE ESCREVENDO NO QUADRINHO.

COMPLETE A LINHA COM O NÚMERO **7**.

DATA: ____/____/____

CONTE QUANTOS BRINQUEDOS HÁ NO QUADRO E ESCREVA O NÚMERO CORRESPONDENTE NA ETIQUETA.

CONTE OS ANIMAIS E LIGUE O NÚMERO **7** À QUANTIDADE CORRESPONDENTE.

VOCÊ SABE ANDAR DE BICICLETA? SE SIM, CONTE PARA OS COLEGAS COMO VOCÊ APRENDEU.

DATA: _____ / _____ / _____

LIÇÃO 105

- CUBRA O NÚMERO **8**.
  CONTORNE E FORME UM GRUPO COM **8** PIPAS E UM GRUPO COM **8** BALÕES.

- COMPLETE A LINHA COM O NÚMERO **8**.

- VOCÊ JÁ EMPINOU PIPA? SE SIM, CONTE COMO FOI SUA EXPERIÊNCIA.

DATA: _____ / _____ / _____

LIÇÃO 106

✏️ CONTE OS BRINQUEDOS E LIGUE A QUANTIDADE CORRESPONDENTE AO NÚMERO **8**.

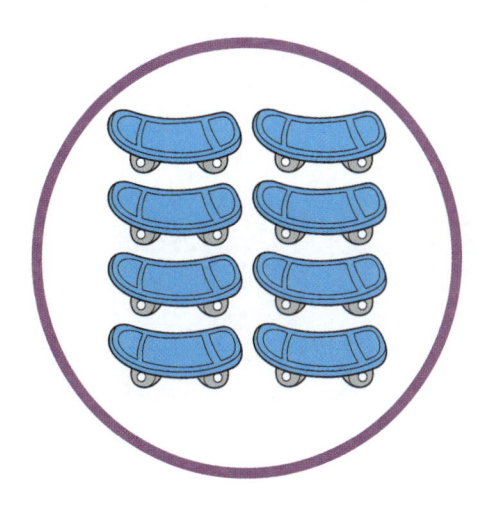

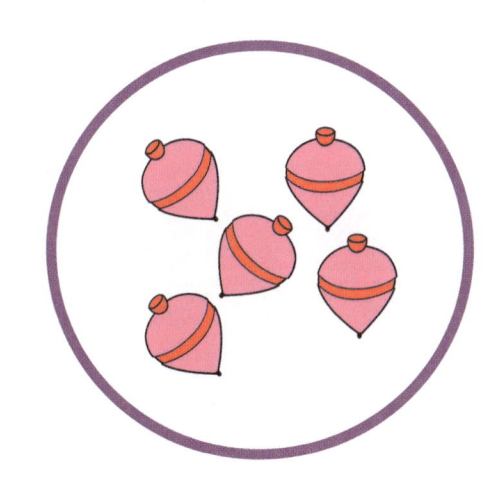

✏️ ESCREVA A QUANTIDADE DE CADA CONJUNTO.

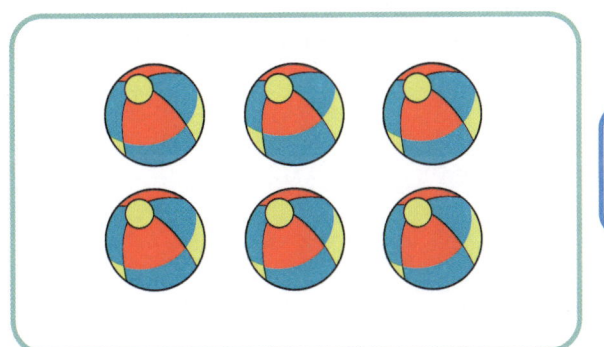

DATA: _____/_____/_____

114

LIÇÃO 107

✏️ CUBRA O NÚMERO **9**.
CONTORNE E FORME GRUPOS COM **9** FRUTAS EM CADA UM.

🗨️ VOCÊ GOSTA DE VITAMINA DE FRUTAS? QUAL É SUA FRUTA PREFERIDA?

✏️ COMPLETE A LINHA COM O NÚMERO **9**.

DATA: ____/____/____

LIÇÃO 108

CONTE E PINTE **9** PICOLÉS.

FAÇA **9** BOLINHAS COLORIDAS NAS BOLAS DE SORVETE.

UNI, DUNI, TÊ

UNI, DUNI, TÊ
SALAMÊ, MINGUÊ
UM SORVETE COLORÊ
O ESCOLHIDO FOI VOCÊ.

DOMÍNIO PÚBLICO.

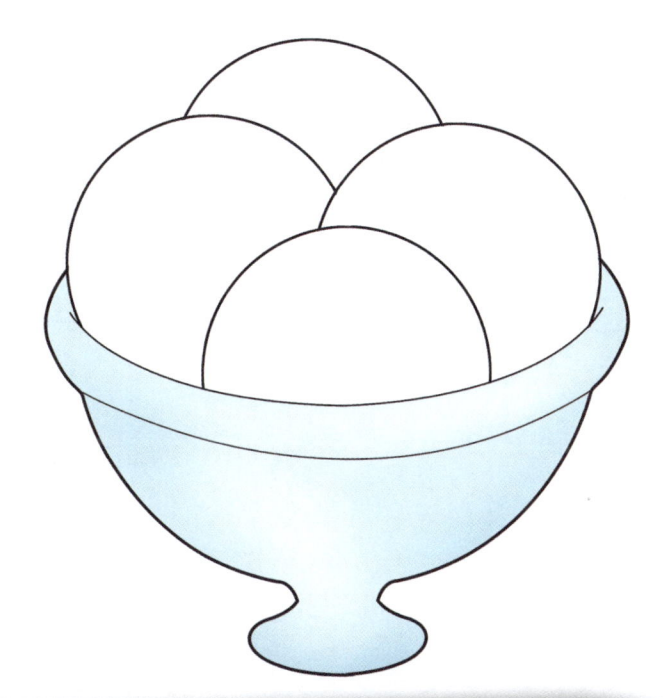

DATA: ____/____/____

LIÇÃO 109

CUBRA O NÚMERO **10**.
AO JUNTAR **10** LÁPIS, TEMOS **10 UNIDADES**.

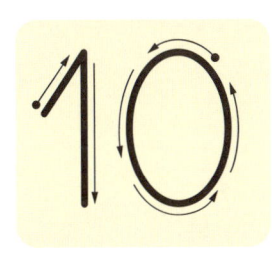

ESCUTE A PARLENDA QUE A PROFESSORA VAI LER. CIRCULE **10** BISCOITOS.

FUI NA LATA DE BISCOITO

FUI NA LATA DE BISCOITO
E TIREI **1**, TIREI **2**, TIREI **3**,
TIREI **4**, TIREI **5**, TIREI **6**.
TIREI **7**, TIREI **8**, TIREI **9**,
TIREI **10**!

DOMÍNIO PÚBLICO.

COMPLETE A LINHA COM O NÚMERO **10**.

DATA: ____ / ____ / ____

117

LIÇÃO 110

DESENHE OS ELEMENTOS QUE FALTAM PARA COMPLETAR 10.

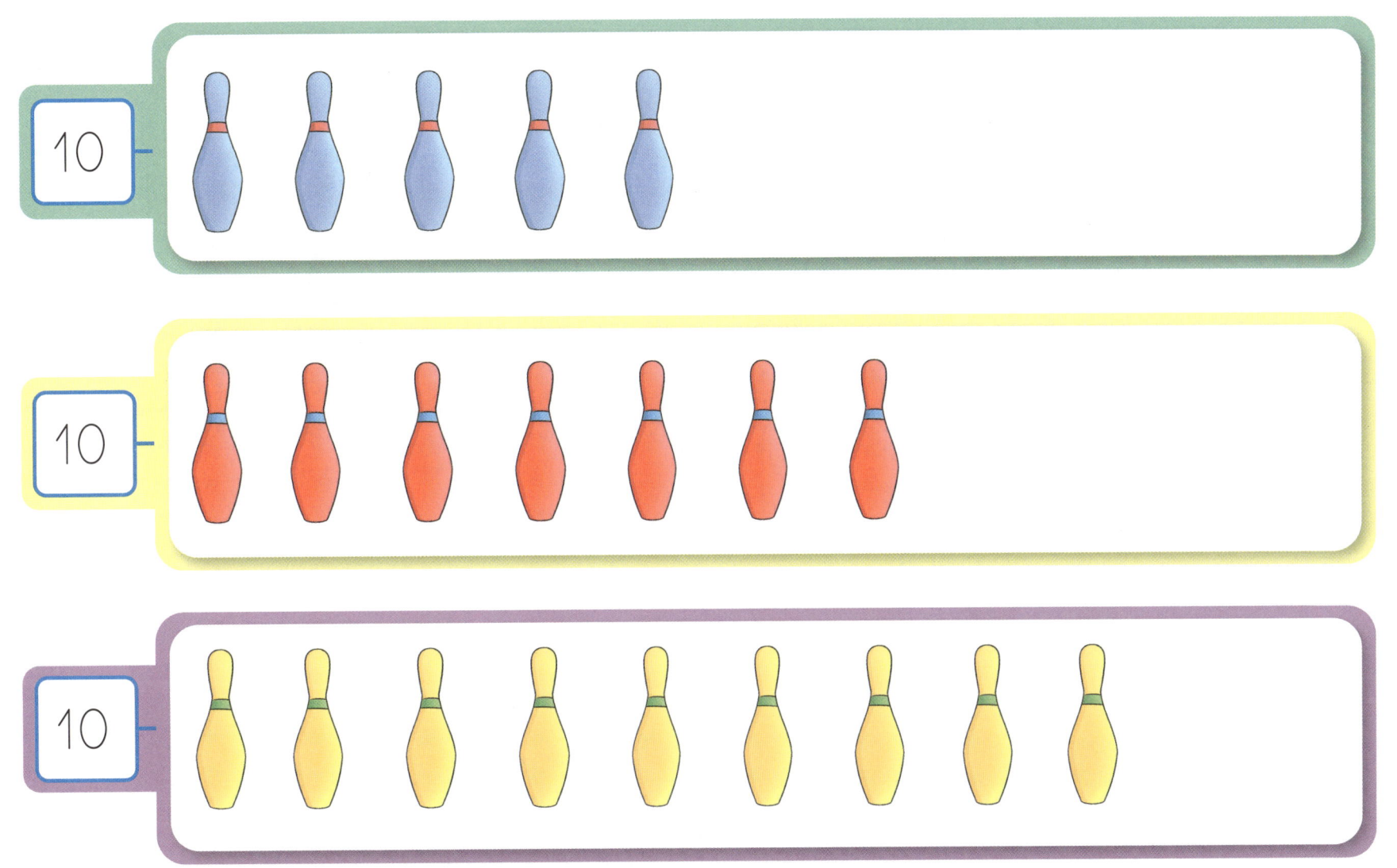

10

10

10

LIÇÃO 111

CUBRA O NÚMERO **11**.
PINTE O GOLFINHO PARA COMPLETAR **11** UNIDADES COLORIDAS.
ESCREVA O NÚMERO **11** NO QUADRO.

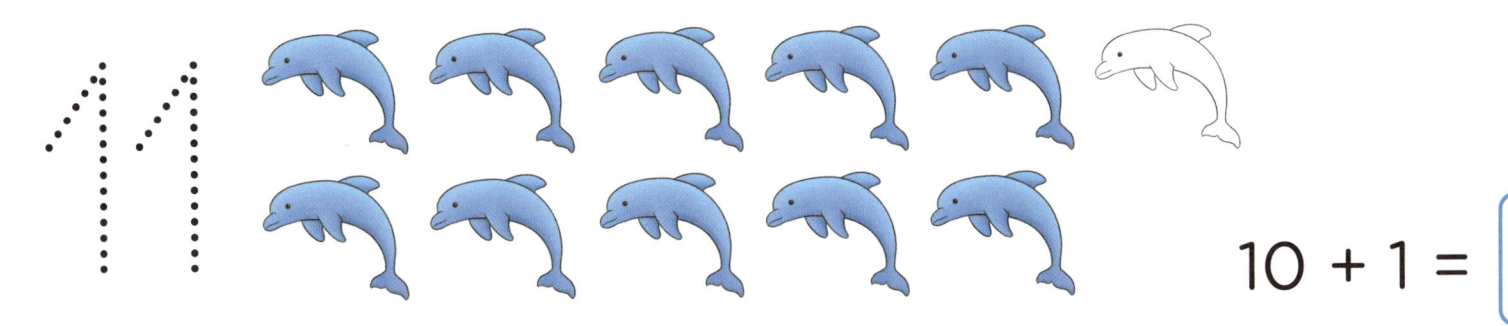

10 + 1 =

DESENHE AS BOLINHAS QUE FALTAM PARA COMPLETAR **11**.
DEPOIS, ESCREVA O NÚMERO TOTAL DE BOLINHAS NO QUADRO.

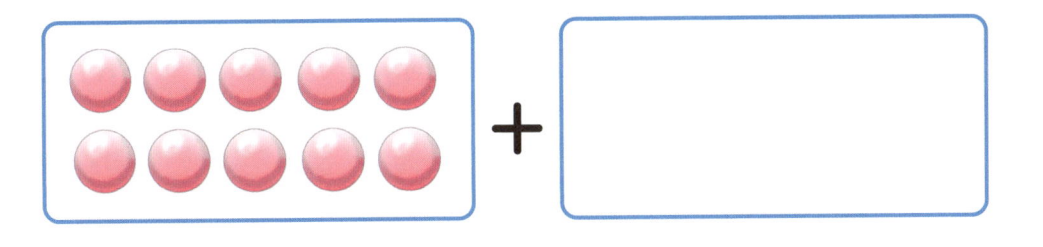

10 + ☐ = ☐

COMPLETE A LINHA COM O NÚMERO **11**.

DATA: ____ / ____ / ____

LIÇÃO 112

CUBRA O NÚMERO **12**.
PINTE OS CACHORRINHOS PARA FORMAR **12** UNIDADES COLORIDAS.
ESCREVA O NÚMERO **12** NO QUADRO.

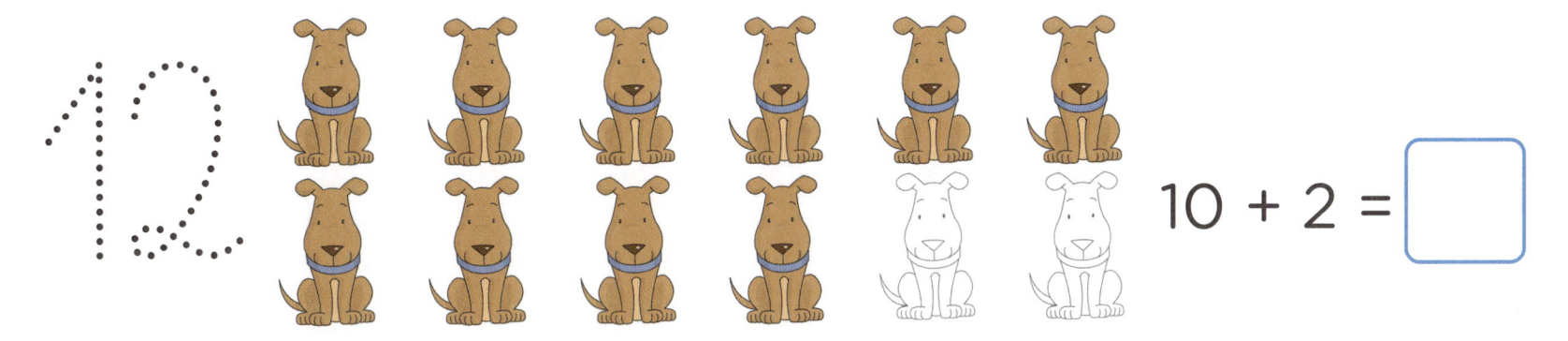

10 + 2 = ☐

AGORA, DESENHE AS BOLINHAS QUE FALTAM PARA COMPLETAR **12**.
ESCREVA O NÚMERO TOTAL DE BOLINHAS NO QUADRO.

10 + ☐ = ☐

COMPLETE A LINHA COM O NÚMERO **12**.

12

DATA: ____/____/____

LIÇÃO 113

CUBRA O NÚMERO **13**.
PINTE OS SORVETES ATÉ FORMAR **13** UNIDADES COLORIDAS.
ESCREVA O NÚMERO **13** NO QUADRO.

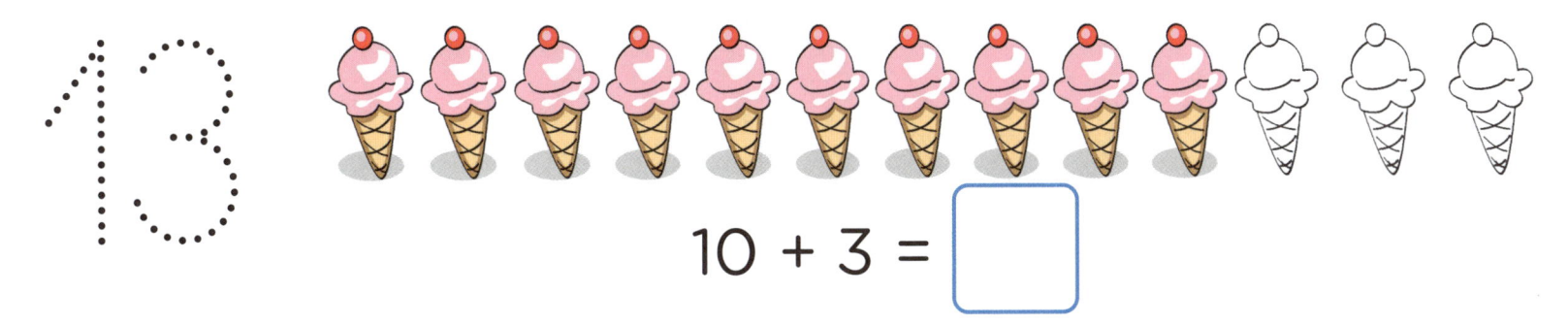

10 + 3 =

AGORA, DESENHE AS BOLINHAS QUE FALTAM PARA COMPLETAR **13**.
ESCREVA O NÚMERO TOTAL DE BOLINHAS NO QUADRO.

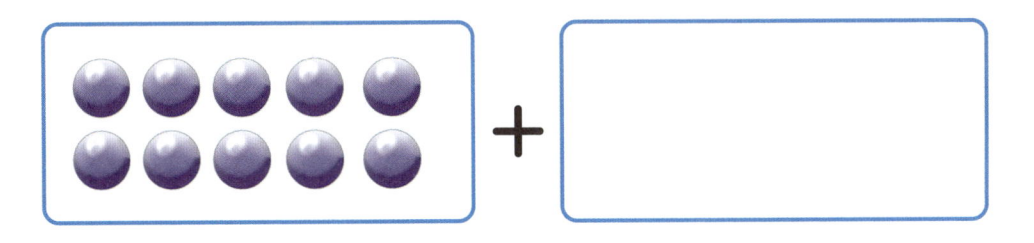

10 + ☐ = ☐

COMPLETE A LINHA COM O NÚMERO **13**.

13

DATA: ___/___/___

LIÇÃO 114

CUBRA O NÚMERO **14**.
PINTE OS DOCINHOS ATÉ FORMAR **14** UNIDADES COLORIDAS.
ESCREVA O NÚMERO **14** NO QUADRO.

10 + 4 =

AGORA, DESENHE AS BOLINHAS QUE FALTAM PARA COMPLETAR **14**.
ESCREVA O NÚMERO TOTAL DE BOLINHAS NO QUADRO.

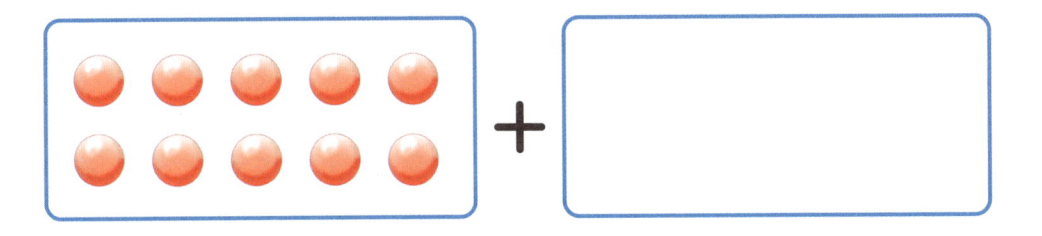

10 + ☐ = ☐

COMPLETE A LINHA COM O NÚMERO **14**.

DATA: ___/___/___

LIÇÃO 115

DATA: ___/___/___

CUBRA O NÚMERO 15.
PINTE OS CARAMUJOS ATÉ FORMAR **15** UNIDADES COLORIDAS.
ESCREVA O NÚMERO **15** NO QUADRO.

15

$10 + 5 = \boxed{}$

AGORA, DESENHE AS BOLINHAS QUE FALTAM PARA COMPLETAR **15**.
ESCREVA O NÚMERO TOTAL DE BOLINHAS NO QUADRO.

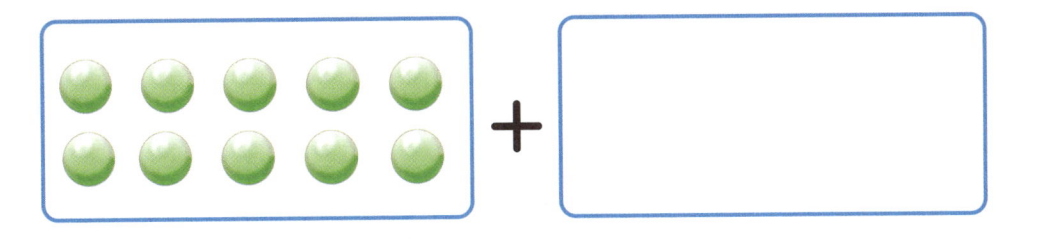

$10 + \boxed{} = \boxed{}$

COMPLETE A LINHA COM O NÚMERO **15**.

15

DATA: ___/___/___

124

16

COMPLETE A LINHA COM O NÚMERO 16.

$10 +$ ☐ $=$ ☐

AGORA, DESENHE AS BOLINHAS QUE FALTAM PARA COMPLETAR 16.
ESCREVA O NÚMERO TOTAL DE BOLINHAS NO QUADRO.

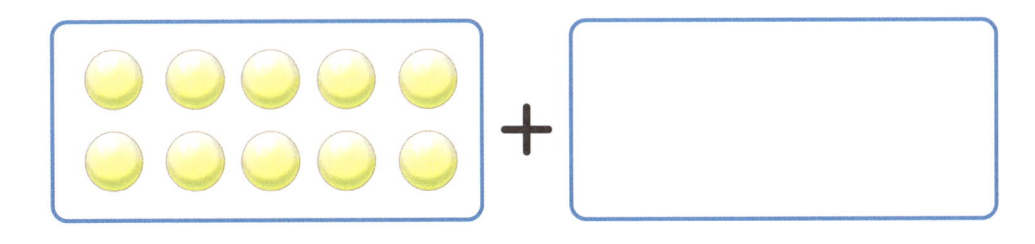

16

$10 + 6 =$ ☐

CUBRA O NÚMERO 16.
PINTE AS JOANINHAS ATÉ FORMAR 16 UNIDADES COLORIDAS.
ESCREVA O NÚMERO 16 NO QUADRO.

LIÇÃO 116

DATA: ___/___/___

LIÇÃO 117

CUBRA O NÚMERO 17.
PINTE AS BONECAS ATÉ FORMAR 17 UNIDADES COLORIDAS.
ESCREVA O NÚMERO 17 NO QUADRO.

$10 + 7 =$ ☐

AGORA, DESENHE AS BOLINHAS QUE FALTAM PARA COMPLETAR 17.
ESCREVA O NÚMERO TOTAL DE BOLINHAS NO QUADRO.

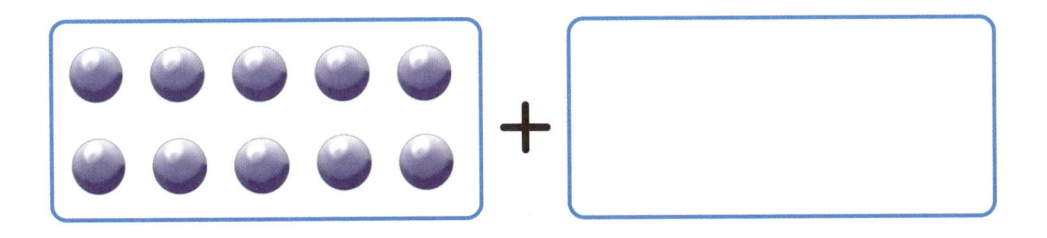

$10 +$ ☐ $=$ ☐

COMPLETE A LINHA COM O NÚMERO 17.

DATA: ___/___/___

18

✏️ COMPLETE A LINHA COM O NÚMERO 18.

10 + ⬜ = ⬜

ESCREVA O NÚMERO TOTAL DE BOLINHAS NO QUADRO.

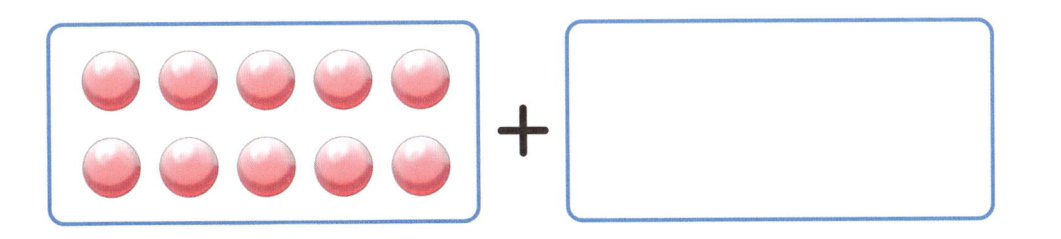

✏️ AGORA, DESENHE AS BOLINHAS QUE FALTAM PARA COMPLETAR 18.

10 + 8 = ⬜

ESCREVA O NÚMERO 18 NO QUADRO.

🖍️ PINTE OS PALHAÇOS ATÉ FORMAR 18 UNIDADES COLORIDAS.

CUBRA O NÚMERO 18.

LIÇÃO 118

DATA: ___/___/___

LIÇÃO 119

CUBRA O NÚMERO 19.
PINTE OS CAVALINHOS DE PAU ATÉ FORMAR 19 UNIDADES COLORIDAS.
ESCREVA O NÚMERO 19 NO QUADRO.

19

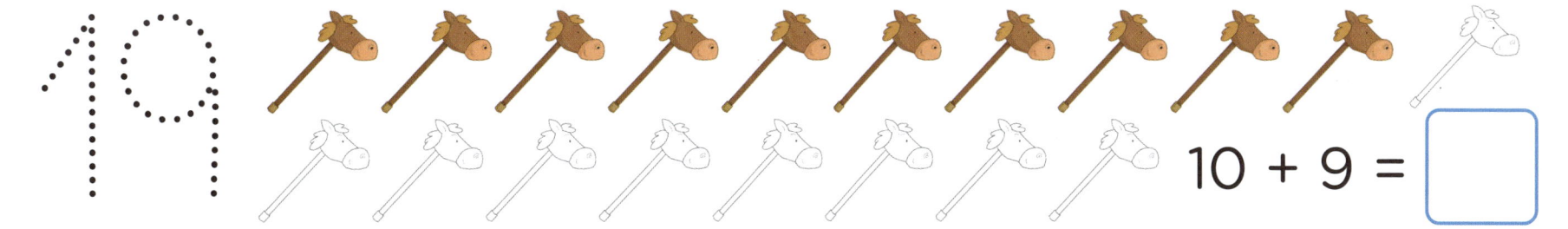

$10 + 9 =$ ☐

COMPLETE O QUADRO PARA QUE TENHA 19 ELEMENTOS.

QUANTOS CÍRCULOS HAVIA? ☐

QUANTOS VOCÊ DESENHOU? ☐

QUANTOS CÍRCULOS FICARAM NO TOTAL? ☐

COMPLETE A LINHA COM O NÚMERO 19.

19

LIÇÃO 120

CONTE AS ESTRELINHAS E COMPLETE A SEQUÊNCIA NUMÉRICA.

10		12		

15		17		19

DATA: ____/____/____

LIÇÃO 121

CUBRA O NÚMERO **20**.
SE VOCÊ JUNTAR **10** LÁPIS COM MAIS **10** LÁPIS, TERÁ **20** UNIDADES.
ESCREVA O NÚMERO **20** NO QUADRO.

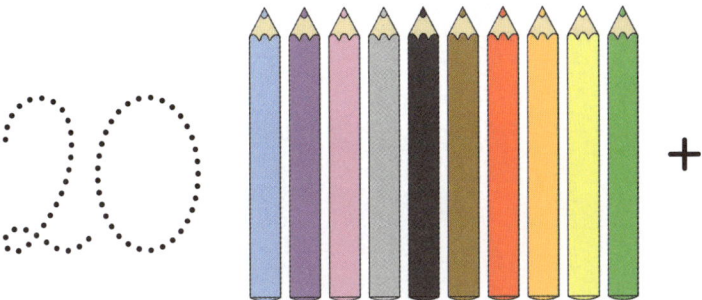

10 + 10 =

COMPLETE A LINHA COM O NÚMERO **20**.

20

RISQUE O AGRUPAMENTO QUE TEM **20** ELEMENTOS.

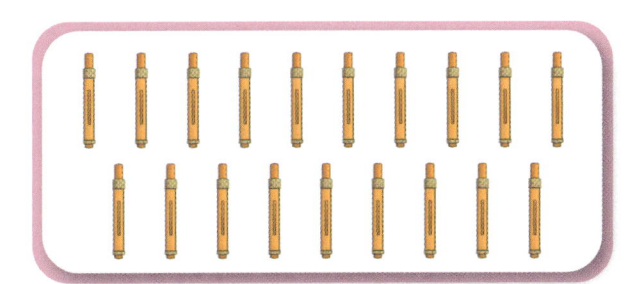

DATA: ____/____/____

LIÇÃO 122

- CUBRA O NÚMERO **21**.
  PINTE O AVIÃOZINHO PARA FORMAR **21** UNIDADES COLORIDAS.
  ESCREVA O NÚMERO **21** NO QUADRO.

  10 + 10 + 1 =

- COMPLETE A LINHA COM O NÚMERO **21**.

  21

- COMPLETE AS CASINHAS COM OS NÚMEROS QUE FALTAM.

  | 11 | | | | 15 | | | 18 | | | |

DATA: ____/____/____

130

LIÇÃO 123

✏️ CUBRA O NÚMERO **22**.
PINTE OS PIÕES SONOROS ATÉ FORMAR **22** UNIDADES COLORIDAS.
ESCREVA O NÚMERO **22** NO QUADRO.

10 + 10 + 2 = ☐

✏️ COMPLETE A LINHA COM O NÚMERO **22**.

22

✏️ CONTE E ESCREVA NO QUADRINHO QUANTAS MAÇÃS VOCÊ VÊ.

DATA: ____ / ____ / ____

131

LIÇÃO 124

CUBRA O NÚMERO **23**.
PINTE OS BALÕES ATÉ FORMAR **23** UNIDADES COLORIDAS.
ESCREVA O NÚMERO **23** NO QUADRO.

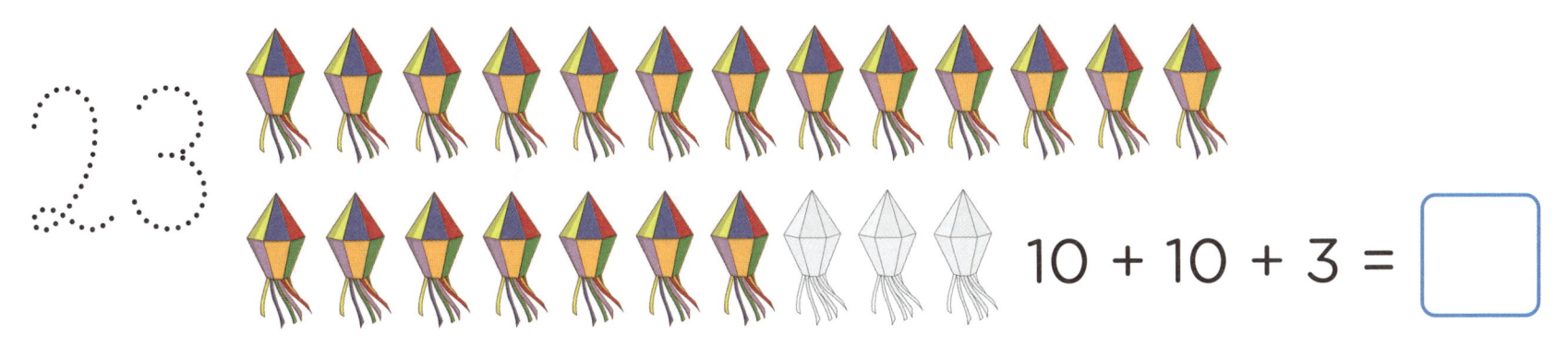

10 + 10 + 3 = ☐

COMPLETE A LINHA COM O NÚMERO **23**.

23

PINTE A QUANTIDADE DE BOLINHAS QUE FALTAM PARA COMPLETAR **23**.

10 + 10 + 3 = ☐

DATA: ____/____/____

132

LIÇÃO 125

✏️ CUBRA O NÚMERO **24**.
PINTE AS ESCULTURAS DE BALÃO ATÉ FORMAR **24** UNIDADES COLORIDAS.
ESCREVA O NÚMERO **24** NO QUADRO.

10 + 10 + 4 = ☐

✏️ COMPLETE A LINHA COM O NÚMERO **24**.

24

✏️ CONTE QUANTOS PARAFUSOS HÁ EM CADA CAIXA, ESCREVA O NÚMERO ABAIXO E REGISTRE O TOTAL.

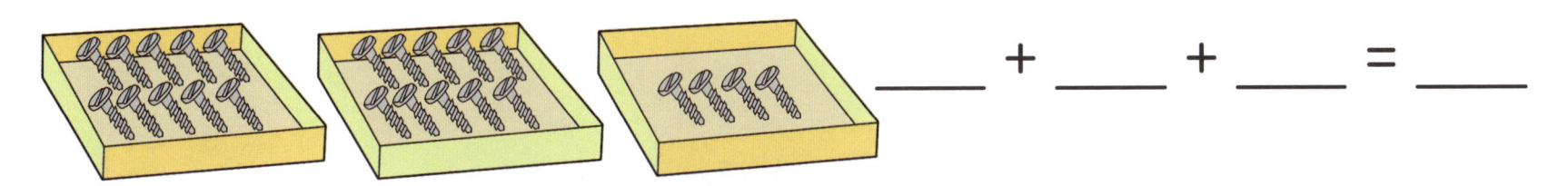

___ + ___ + ___ = ___

DATA: ___/___/___

LIÇÃO 126

- CUBRA O NÚMERO **25**.
  PINTE OS APITOS ATÉ FORMAR **25** UNIDADES COLORIDAS.
  ESCREVA O NÚMERO **25** NO QUADRO.

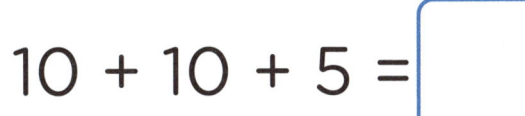

10 + 10 + 5 =

- COMPLETE A LINHA COM O NÚMERO **25**.

25

- COLE OS NÚMEROS DE **11** A **25** NA ORDEM CORRETA. USE OS ADESIVOS DA PÁGINA 209.

DATA: _____/_____/_____

LIÇÃO 127

✏️ CUBRA O NÚMERO **26**.
PINTE OS BARQUINHOS ATÉ FORMAR **26** UNIDADES COLORIDAS.
ESCREVA O NÚMERO **26** NO QUADRO.

10 + 10 + 6 = ☐

✏️ COMPLETE A LINHA COM O NÚMERO **26**.

26

✏️ COMPLETE O GRUPO COM OS ELEMENTOS QUE FALTAM PARA TOTALIZAR **26**.

+ = 26

DATA: ____/____/____

135

LIÇÃO 128

CUBRA O NÚMERO **27**.
PINTE OS ROBÔS ATÉ FORMAR **27** UNIDADES COLORIDAS.
ESCREVA O NÚMERO **27** NO QUADRO.

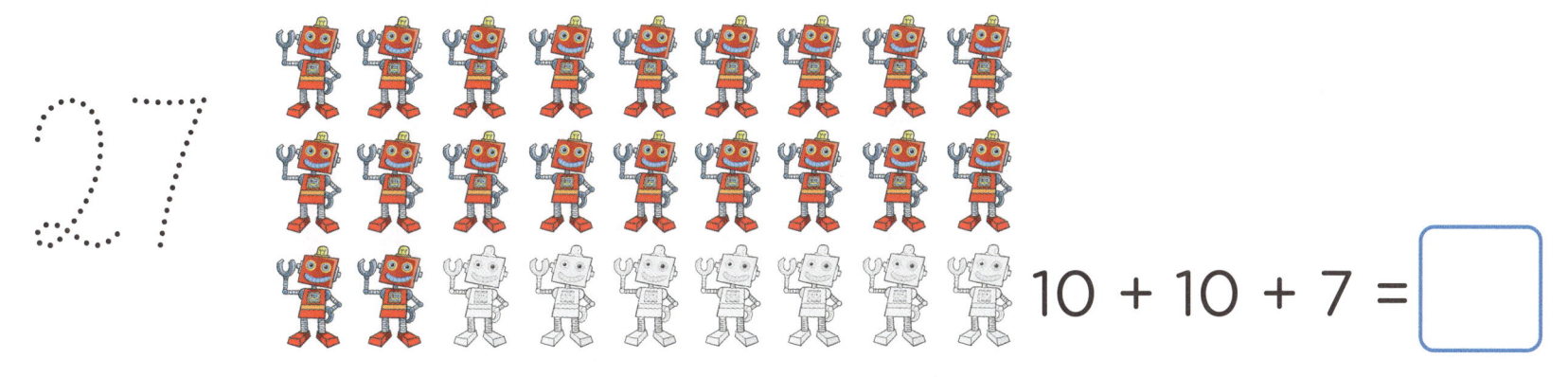

10 + 10 + 7 = ☐

COMPLETE A LINHA COM O NÚMERO **27**.

27

CIRCULE TODOS OS NÚMEROS **27** QUE ENCONTRAR.

| 24 | 27 | 27 | 25 | 23 | 27 | 27 | 26 |

DATA: ____/____/____

LIÇÃO 129

- CUBRA O NÚMERO **28**.
PINTE AS BOLAS ATÉ FORMAR **28** UNIDADES COLORIDAS.
ESCREVA O NÚMERO **28** NO QUADRO.

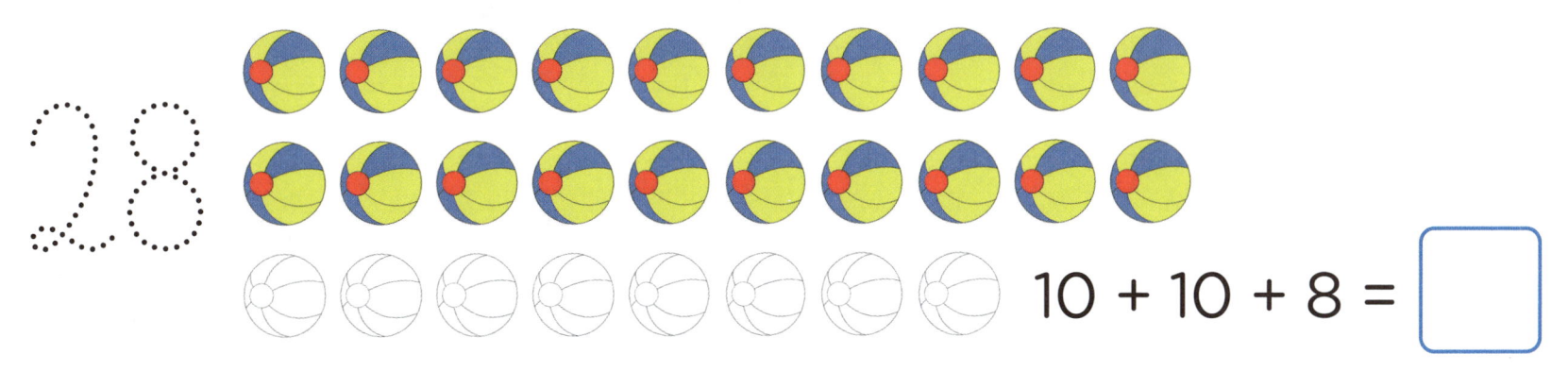

10 + 10 + 8 =

- COMPLETE A LINHA COM O NÚMERO **28**.

28

- COMPLETE AS SEQUÊNCIAS NUMÉRICAS.

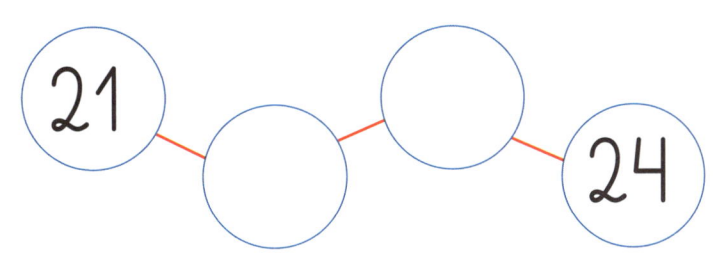

21 — ◯ — ◯ — 24

◯ — 26 — ◯ — 28

DATA: ____/____/____

LIÇÃO 130

✏️ CUBRA O NÚMERO **29**.
PINTE OS DADOS ATÉ FORMAR **29** UNIDADES COLORIDAS.
ESCREVA O NÚMERO **29** NO QUADRO.

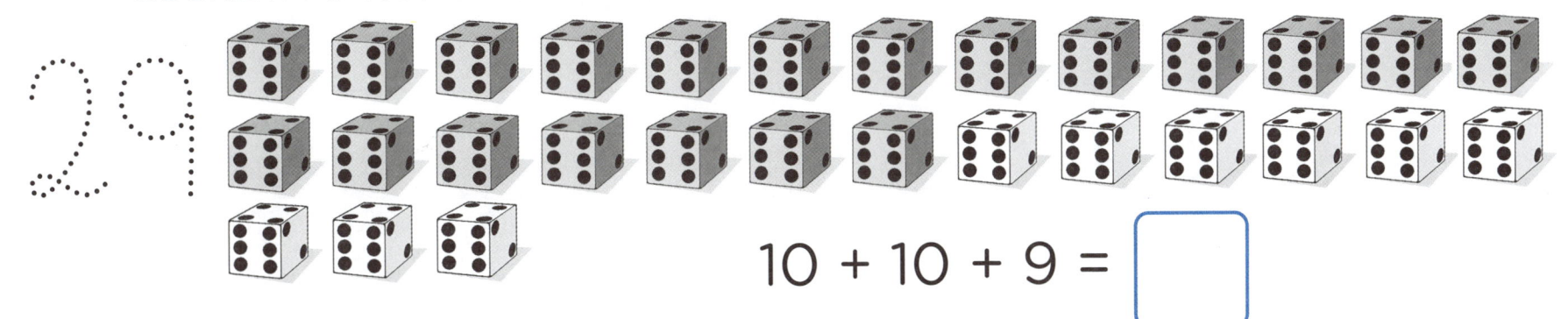

10 + 10 + 9 = ☐

✏️ COMPLETE A LINHA COM O NÚMERO **29**.

29

✏️ CONTE E ESCREVA O RESULTADO.

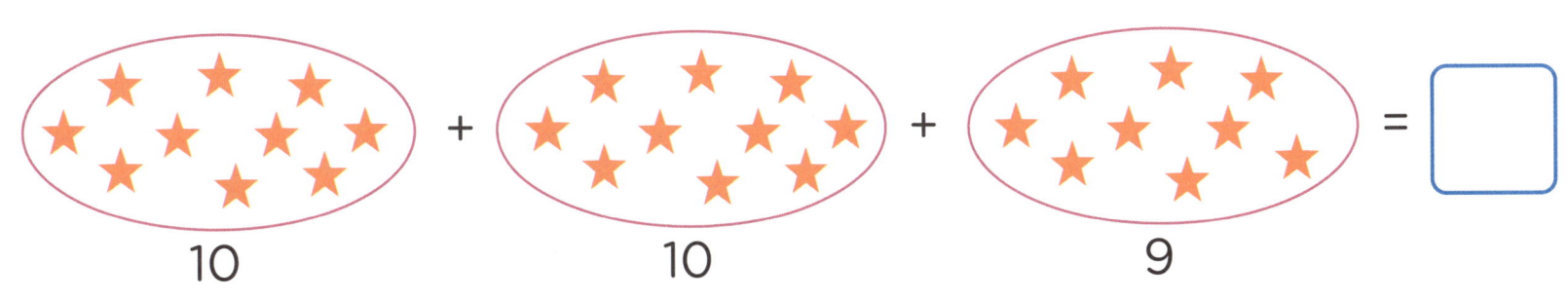

10 + 10 + 9 = ☐

DATA: ____/____/____

LIÇÃO 131

CUBRA O NÚMERO **30**.
SE VOCÊ JUNTAR **10** LÁPIS COM MAIS **10** LÁPIS E DEPOIS ACRESCENTAR MAIS **10** LÁPIS, TERÁ **30** UNIDADES. ESCREVA O NÚMERO **30** NO QUADRO.

10 + 10 + 10 =

COMPLETE A LINHA COM O NÚMERO **30**.

30

COMPLETE OS BALÕES COM OS NÚMEROS QUE ESTÃO FALTANDO.

21, ___, ___, ___, ___, 26, ___, ___, ___, ___

DATA: ____/____/____

NATUREZA E SOCIEDADE

LIÇÃO 132

DESENHE VOCÊ MESMO DE CORPO INTEIRO.

QUEM É VOCÊ? COM QUEM VOCÊ SE PARECE?

DATA: _____ / _____ / _____

LIÇÃO 133

COLE UMA FOTO SUA.

O QUE VOCÊ ESTÁ FAZENDO NESSA FOTO?

DATA: _____ / _____ / _____

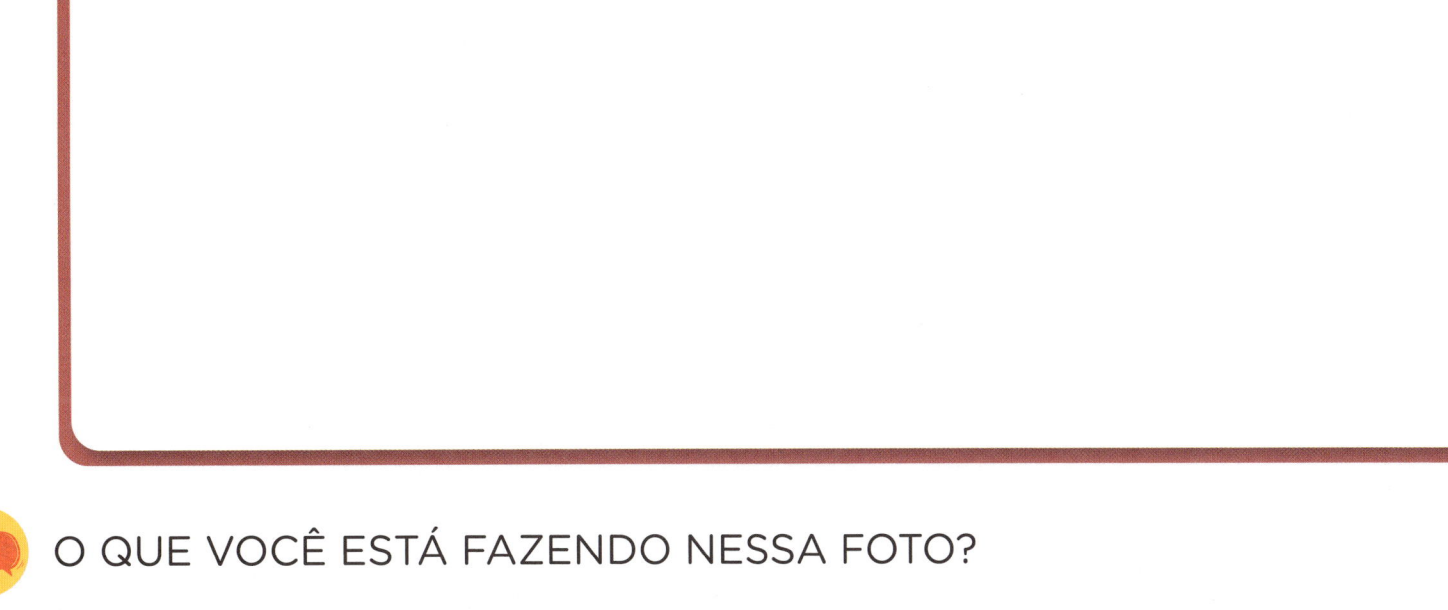

142

LIÇÃO 134

COLE IMAGENS DE CRIANÇAS BEM DIFERENTES FISICAMENTE.

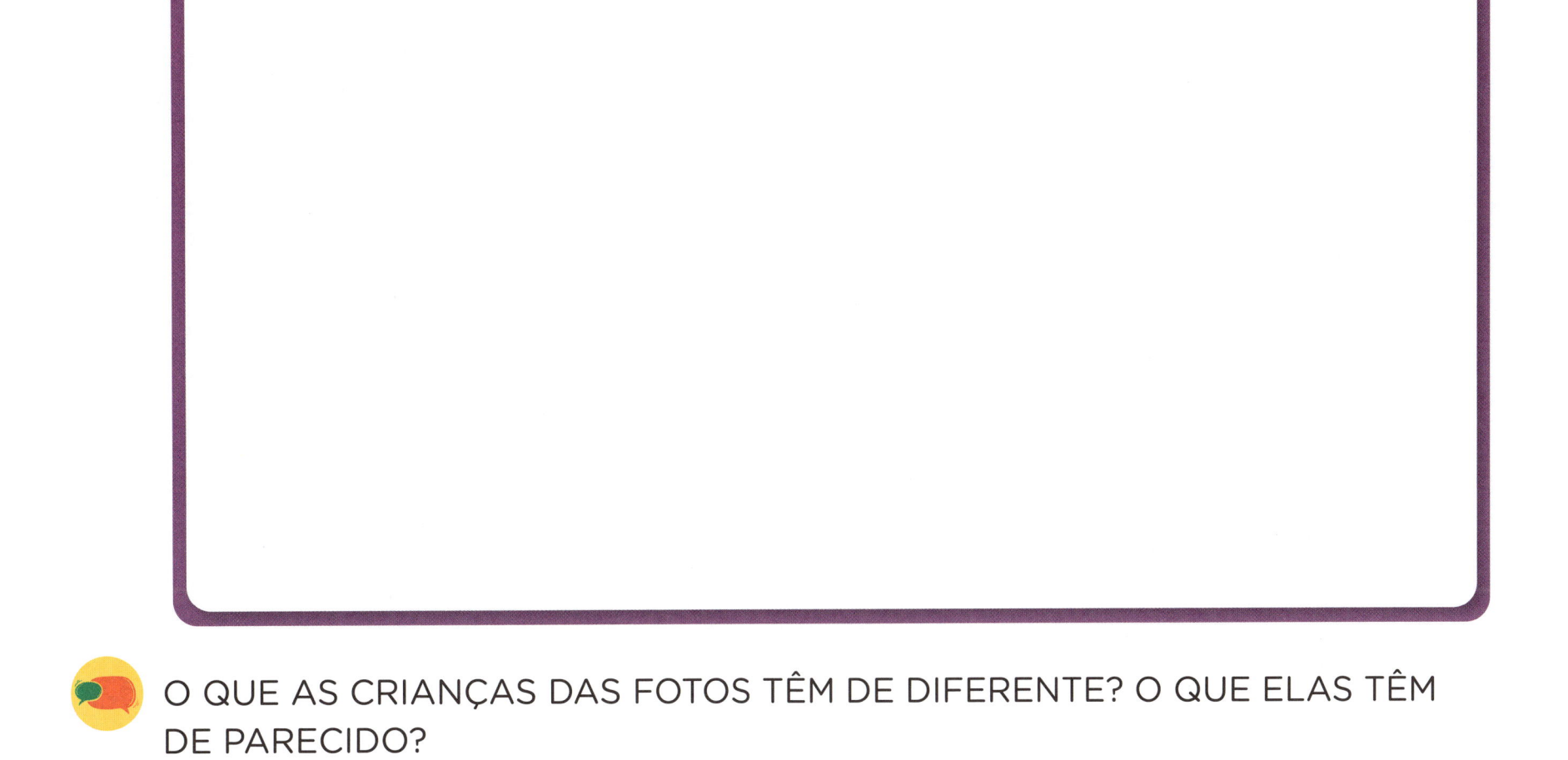

O QUE AS CRIANÇAS DAS FOTOS TÊM DE DIFERENTE? O QUE ELAS TÊM DE PARECIDO?

DATA: _____ / _____ / _____

143

LIÇÃO 135

PARA TER UMA BOA SAÚDE, É NECESSÁRIO SE ALIMENTAR BEM E CUIDAR DO CORPO.

PINTE AS CENAS QUE MOSTRAM CRIANÇAS CUIDANDO DA HIGIENE PESSOAL.

DATA: _____ / _____ / _____

144

LIÇÃO 136

CONTORNE OS OBJETOS QUE VOCÊ UTILIZA NA SUA HIGIENE PESSOAL.

DATA: ____ / ____ / ____

145

LIÇÃO 137

O CORPO HUMANO É FORMADO POR MUITAS PARTES.

✏️ CONTORNE AS PARTES DO CORPO QUE USAMOS PARA ANDAR.
FAÇA UM **X** NAS PARTES QUE SERVEM PARA PEGAR OS OBJETOS.
FAÇA UMA ● NAS PARTES QUE USAMOS PARA FALAR, OUVIR, VER E CHEIRAR.

FREEPIK

DATA: _____ / _____ / _____

LIÇÃO 138

OS ÓRGÃOS DOS SENTIDOS PERMITEM QUE AS PESSOAS PERCEBAM TUDO O QUE ESTÁ À VOLTA DELAS.

ESCUTE O QUE A PROFESSORA VAI LER.

OS **OLHOS** SÃO OS ÓRGÃOS RESPONSÁVEIS PELA **VISÃO**.

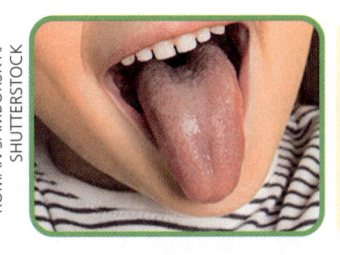

A **LÍNGUA** É O ÓRGÃO RESPONSÁVEL PELO **PALADAR**.

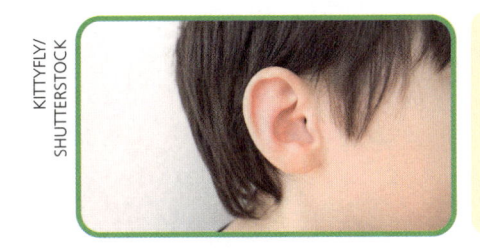

AS **ORELHAS** SÃO OS ÓRGÃOS RESPONSÁVEIS PELA **AUDIÇÃO**.

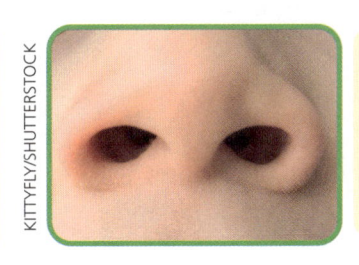

O **NARIZ** É O ÓRGÃO RESPONSÁVEL PELO **OLFATO**.

A **PELE** É O ÓRGÃO RESPONSÁVEL PELO **TATO**.

DATA: ____/____/____

LIÇÃO 139

OS OLHOS SÃO OS ÓRGÃOS RESPONSÁVEIS PELA VISÃO.

RECORTE DE JORNAIS OU REVISTAS UMA IMAGEM DE PESSOA UTILIZANDO O SENTIDO DA VISÃO. COLE-A NO QUADRO A SEGUIR.

DATA: _____ /_____ /_____

LIÇÃO 140

COM AS **ORELHAS**, ESCUTAMOS OS SONS. ELAS SÃO OS ÓRGÃOS RESPONSÁVEIS PELA **AUDIÇÃO**.

DESENHE ALGO QUE PRODUZ SOM.

DATA: _____ / _____ / _____

LIÇÃO 141

PELO OLFATO, SENTIMOS O CHEIRO DAS COISAS. O ÓRGÃO RESPONSÁVEL PELO OLFATO É O NARIZ.

RECORTE, DE REVISTAS VELHAS, IMAGENS DE ELEMENTOS QUE VOCÊ PODE RECONHECER PELO CHEIRO. COLE-AS NO QUADRO A SEGUIR.

FREEPIK

DATA: _____ / _____ / _____

LIÇÃO 142

A **PELE** É O ÓRGÃO RESPONSÁVEL PELO **TATO**. COM O TATO PODEMOS SABER SE OS OBJETOS SÃO QUENTES OU FRIOS, DUROS OU MOLES, MACIOS OU ÁSPEROS, SECOS OU MOLHADOS.

COM A AJUDA DA PROFESSORA, COLE OS ADESIVOS QUE ESTÃO NA PÁGINA 210 NOS LUGARES QUE VOCÊ ACHA QUE SÃO OS CERTOS.

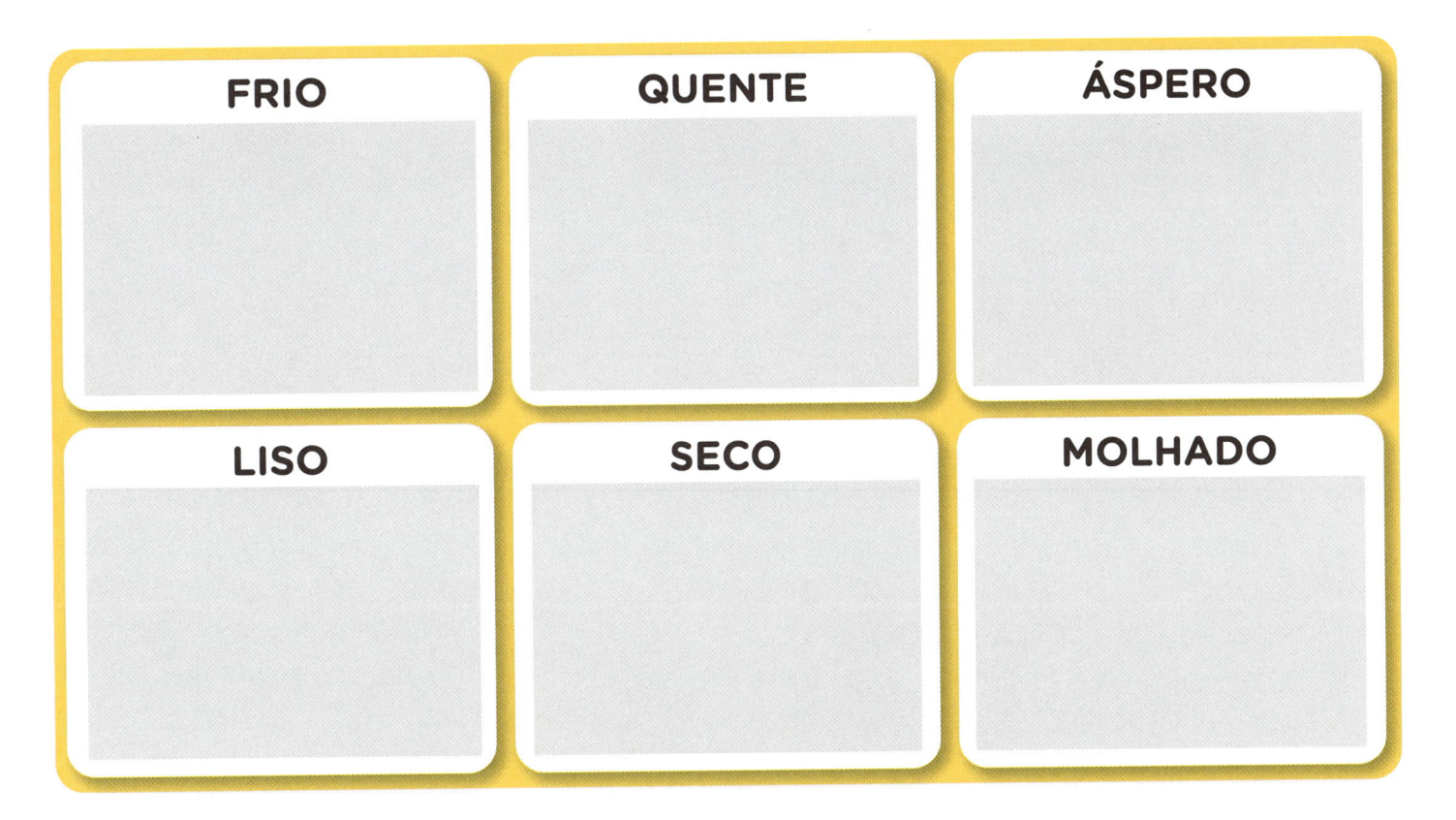

FRIO	QUENTE	ÁSPERO

LISO	SECO	MOLHADO

DATA: _____/_____/_____

LIÇÃO 143

A LÍNGUA É O ÓRGÃO RESPONSÁVEL PELO **PALADAR**. COM ELA, VOCÊ PODE SENTIR O SABOR DOS ALIMENTOS.

✏️ PESQUISE EM REVISTAS E COLE FIGURAS DE ALIMENTOS NOS LUGARES ADEQUADOS.

ALIMENTOS DOCES	ALIMENTOS SALGADOS

DATA: _____ / _____ / _____

152

LIÇÃO 144

NA BRINCADEIRA "CABRA-CEGA", UMA CRIANÇA DE OLHOS VENDADOS TEM DE PEGAR A OUTRA E, USANDO AS MÃOS, DESCOBRIR QUEM É. MARQUE COM UM **X** O SENTIDO USADO NESSA BRINCADEIRA.

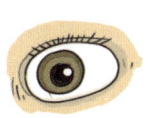

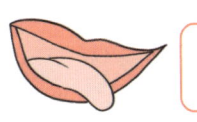

☐ VISÃO   ☐ PALADAR   ☐ TATO

DATA: _____ / _____ / _____

LIÇÃO 145

A **FAMÍLIA** É FORMADA POR UM GRUPO DE PESSOAS QUE VIVEM NA MESMA MORADIA.

✏️ COMO É SUA FAMÍLIA? DESENHE OU COLE FOTOGRAFIAS DE PESSOAS QUE FAZEM PARTE DE SUA FAMÍLIA.

💬 VEJA AS FOTOGRAFIAS DAS FAMÍLIAS DOS COLEGAS: TODAS AS FAMÍLIAS SÃO IGUAIS?

DATA: _____ / _____ / _____

LIÇÃO 146

PINTE AS CENAS QUE MOSTRAM COMO VOCÊ E SUA FAMÍLIA COSTUMAM SE DIVERTIR. DESENHE, NO ÚLTIMO QUADRO, O QUE VOCÊ MAIS GOSTA DE FAZER COM SUA FAMÍLIA.

DATA: _____/_____/_____

155

LIÇÃO 147

MARQUE UM **X** NAS ATIVIDADES QUE VOCÊ FAZ PARA AJUDAR SUA FAMÍLIA NAS TAREFAS DE CASA.

DATA: _____ / _____ / _____

LIÇÃO 148

TODAS AS PESSOAS TÊM DIREITO A UMA MORADIA, ISTO É, A UM LUGAR QUE LHES DÊ ABRIGO.

COMO É A SUA MORADIA? DESENHE-A E MOSTRE PARA UM COLEGA.

DATA: _____ / _____ / _____

157

LIÇÃO 149

HÁ MORADIAS DE DIFERENTES TIPOS.

CASA DE PAU A PIQUE   CASA DE TIJOLO   PRÉDIO DE APARTAMENTOS

✏️ PINTE OS MATERIAIS QUE SÃO UTILIZADOS NA CONSTRUÇÃO DE UMA MORADIA.

MADEIRA   TIJOLO   TELHA   AREIA

💬 QUAIS PROFISSIONAIS TRABALHAM NA CONSTRUÇÃO DE UMA MORADIA? O QUE ELES FAZEM?

DATA: ____/____/____

LIÇÃO 150

A ESCOLA É O LUGAR ONDE VOCÊ APRENDE, CONHECE PESSOAS DIFERENTES E FAZ AMIGOS. NO CAMINHO PARA A ESCOLA, PODEMOS ENCONTRAR MUITAS CONSTRUÇÕES.

ENCONTRE A ESCOLA E PINTE-A DE AZUL.
QUE OUTRAS CONSTRUÇÕES VOCÊ ENCONTRA NA CENA?

CANTE COM OS COLEGAS.

CHEGANDO À ESCOLA

(MELODIA: *FUI NO TORORÓ*)

ACABAMOS DE CHEGAR,
BOM DIA, VOU DIZER.
PROFESSORA, EU ESTAVA
COM SAUDADE DE VOCÊ.
ACABAMOS DE CHEGAR,
BOM DIA, OUTRA VEZ.
COLEGUINHA, COMO EU GOSTO
DE ENCONTRAR-ME COM VOCÊ.

DOMÍNIO PÚBLICO.

DATA: ____/____/____

LIÇÃO 151

OBSERVE AS CENAS. MARQUE X NAS BRINCADEIRAS QUE VOCÊ GOSTA DE FAZER COM OS AMIGOS.

O QUE VOCÊ MAIS GOSTA DE FAZER QUANDO ESTÁ NA ESCOLA?

FAÇA UM PASSEIO PELA ESCOLA COM A PROFESSORA E OS COLEGAS. DEPOIS, DESENHE EM UMA FOLHA DE PAPEL O QUE VOCÊ MAIS GOSTOU DE CONHECER.

DATA: _____ / _____ / _____

160

OBSERVE AS PARTES DE UMA ESCOLA. DEPOIS, PINTE O QUE TAMBÉM HÁ NA SUA ESCOLA.

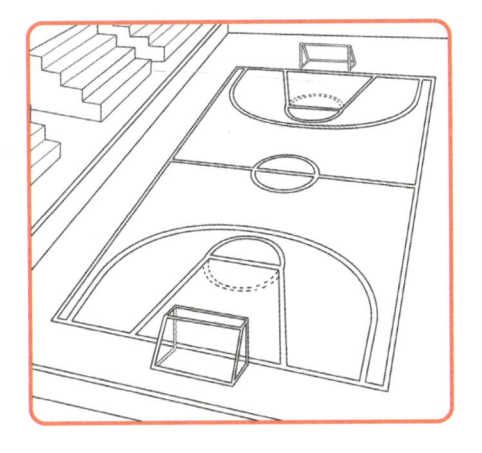

QUADRA POLIESPORTIVA

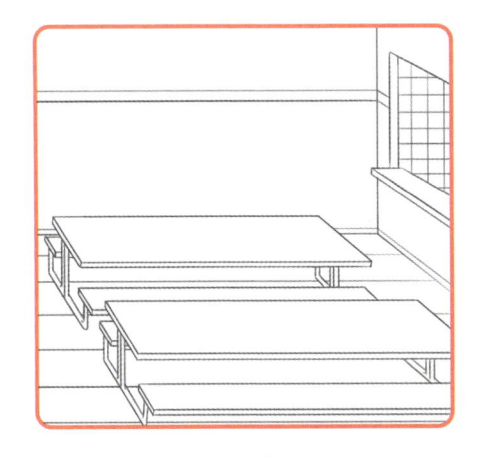

REFEITÓRIO

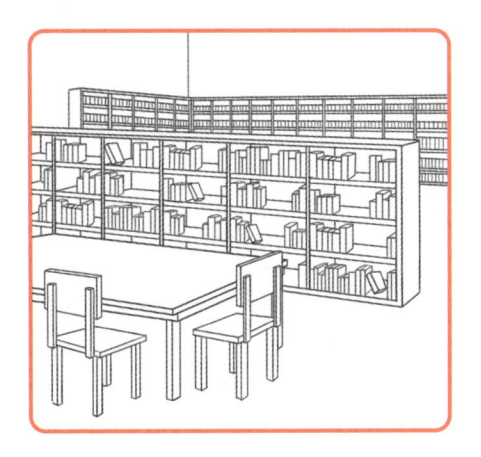

BIBLIOTECA

PARQUE

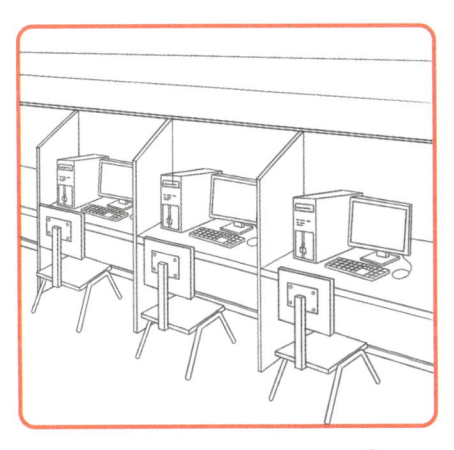

SALA DE INFORMÁTICA

BRINQUEDOTECA

DATA: _____ / _____ / _____

✏️ FAÇA UM **X** NAS IMAGENS QUE REPRESENTAM OS PROFISSIONAIS QUE TRABALHAM NA SUA ESCOLA.

💬 O QUE ESSES PROFISSIONAIS FAZEM?

DATA: _____ / _____ / _____

162

LIÇÃO 154

VOCÊ CONHECE ESTAS PROFISSÕES? PINTE OS QUADROS QUE ESTÃO AO LADO DE CADA FIGURA, SEGUINDO AS CORES DA LEGENDA.

■ CARTEIRO   ■ PADEIRO   ■ JARDINEIRO

LIGUE CADA PROFISSIONAL AO SEU INSTRUMENTO DE TRABALHO. QUAIS SÃO OS NOMES DESSAS PROFISSÕES?

DATA: _____ / _____ / _____

LIÇÃO 133

TODO AMBIENTE DEVE SER MANTIDO LIMPO.

OBSERVE O AMBIENTE MOSTRADO EM CADA IMAGEM. PINTE OS SÍMBOLOS DE ACORDO COM A LEGENDA.

👍 AMBIENTE CUIDADO DE FORMA ADEQUADA.

👎 AMBIENTE QUE NÃO FOI CUIDADO ADEQUADAMENTE.

FEIYUEZHANGJIE/SHUTTERSTOCK

RADG AIVAZOFF/SHUTTERSTOCK

DATA: ____ /____ /____

LIÇÃO 156

✏️ CONTORNE AS CENAS QUE MOSTRAM ATITUDES CORRETAS PARA MANTER O AMBIENTE SAUDÁVEL.

💬 QUAIS CENAS VOCÊ NÃO CIRCULOU? QUAIS ATITUDES INCORRETAS ELAS MOSTRAM?

DATA: _____ / _____ / _____

165

LIÇÃO 157

RECICLAR É PRECISO! OS MATERIAIS RECICLÁVEIS SÃO SEPARADOS EM PLÁSTICO, PAPEL, VIDRO E METAL.

LIGUE OS MATERIAIS ÀS LIXEIRAS ADEQUADAS.

METAL   VIDRO   PAPEL   PLÁSTICO

DATA: ____/____/____

166

LIÇÃO 158

LIXO ORGÂNICO É QUALQUER RESÍDUO DE ORIGEM ANIMAL OU VEGETAL, COMO RESTOS DE ALIMENTOS, SEMENTES, FOLHAS.

✏️ CIRCULE O QUE É LIXO ORGÂNICO.

💬 NA SUA ESCOLA EXISTEM LIXEIRAS PARA RECOLHER OS OBJETOS RECICLÁVEIS? VOCÊ USA ESSAS LIXEIRAS CORRETAMENTE?

DATA: ____/____/____

LIÇÃO 159

A ÁGUA É MUITO IMPORTANTE PARA OS SERES VIVOS.

PINTE AS FIGURAS EM QUE HÁ SERES QUE PRECISAM DE ÁGUA PARA SOBREVIVER.

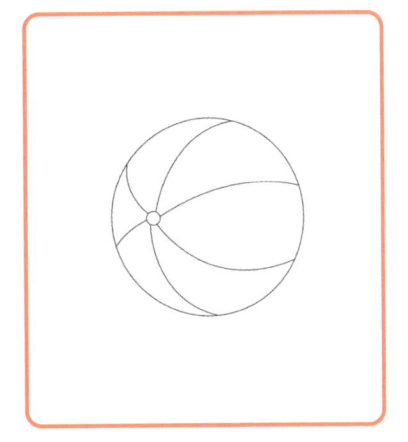

DATA: _____/_____/_____

168

LIÇÃO 160

BEBER ÁGUA FAZ BEM À SAÚDE!

PINTE AS FIGURAS QUE MOSTRAM A ÁGUA QUE PODEMOS BEBER.

CIRCULE A CENA QUE MOSTRA A ÁGUA SENDO UTILIZADA DE MANEIRA CONSCIENTE. O QUE HÁ DE ERRADO NA OUTRA CENA?

DATA: ____ /____ /____

169

LIÇÃO 161

AS PLANTAS SÃO SERES VIVOS. ELAS NASCEM, CRESCEM, PODEM SE REPRODUZIR E MORREM. PARA QUE ELAS CRESÇAM, PRECISAM DE ALGUNS ELEMENTOS DA NATUREZA.

CIRCULE AS FIGURAS QUE REPRESENTAM AQUILO DE QUE AS PLANTAS PRECISAM PARA SOBREVIVER.

DOMNITSKY/SHUTTERSTOCK

SVITLANA-UA/SHUTTERSTOCK

ILYA AKINSHIN/SHUTTERSTOCK

EVANGELOS/SHUTTERSTOCK

FREEPIK

DATA: _____/_____/_____

LIÇÃO 162

COMER FRUTAS É MUITO BOM PARA A SAÚDE. DEVEMOS SEMPRE LAVAR AS FRUTAS ANTES DE COMÊ-LAS.

CIRCULE AS FRUTAS DE AMARELO E AS FLORES DE VERMELHO.

DATA: _____ / _____ / _____

171

LIÇÃO 163

ORGANIZE UM CALENDÁRIO PARA MOSTRAR COMO ESTÃO AS CONDIÇÕES DO TEMPO DURANTE UMA SEMANA. DESENHE OS SÍMBOLOS DE ACORDO COM A LEGENDA.

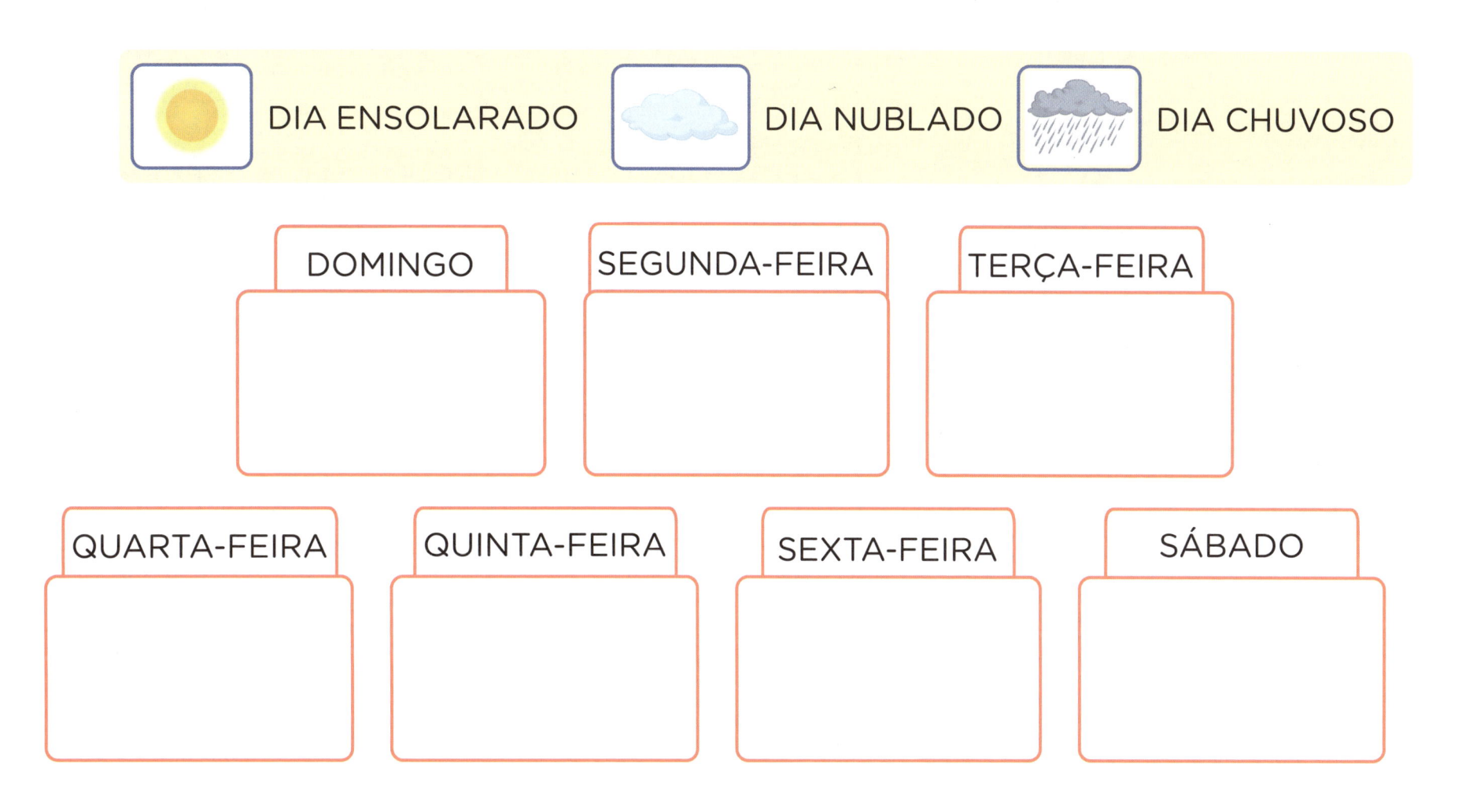

☀️ DIA ENSOLARADO ☁️ DIA NUBLADO 🌧️ DIA CHUVOSO

DOMINGO	SEGUNDA-FEIRA	TERÇA-FEIRA

QUARTA-FEIRA	QUINTA-FEIRA	SEXTA-FEIRA	SÁBADO

DATA: ____ / ____ / ____

LIÇÃO 164

QUE ROUPAS E ACESSÓRIOS USAMOS QUANDO O DIA ESTÁ FRIO? E QUANDO O DIA ESTÁ QUENTE? COLE OS ADESIVOS DA PÁGINA 210 NOS LUGARES CORRESPONDENTES.

DIA QUENTE	DIA FRIO

DATA: _____ / _____ / _____

173

LIÇÃO 165

O SER HUMANO É CHAMADO DE **MAMÍFERO**. ISSO QUER DIZER QUE O BEBÊ SE FORMA DENTRO DA BARRIGA DA MÃE. DEPOIS QUE NASCE, ELE MAMA DURANTE ALGUM TEMPO.

OBSERVE OS ANIMAIS ABAIXO. TODOS SÃO MAMÍFEROS. LIGUE CADA FILHOTE À SUA MÃE.

174

LIÇÃO 166

MUITOS ANIMAIS, COMO GALINHAS, TARTARUGAS, PASSARINHOS E PEIXES, NASCEM DE OVOS POSTOS POR SUAS MÃES.

CONTORNE OS ANIMAIS QUE NASCEM DE OVOS.

DATA: _____ / _____ / _____

175

DATA: ____/____/____

LIÇÃO 187

OS ANIMAIS SE LOCOMOVEM DE MUITAS MANEIRAS.

COLE AS FIGURAS DE ANIMAIS QUE ANDAM OU SALTAM. DEPOIS, COLE AS FIGURAS DE ANIMAIS QUE NADAM. USE OS ADESIVOS DA PÁGINA 211.

ANIMAIS QUE ANDAM OU SALTAM

ANIMAIS QUE NADAM

DATA: ___/___/___

LIÇÃO 168

COLE AS FIGURAS DE ANIMAIS QUE VOAM. DEPOIS, COLE AS FIGURAS DE ANIMAIS QUE RASTEJAM. USE OS ADESIVOS DA PÁGINA 211.

ANIMAIS QUE VOAM

ANIMAIS QUE RASTEJAM

LIÇÃO 169

EXISTEM ANIMAIS QUE TÊM O CORPO REVESTIDO DE PELOS; OUTROS TÊM A PELE LISA, PENAS OU ESCAMAS. ALGUNS, AINDA, SÃO COBERTOS DE PLACAS DURAS.

✏️ COM A AJUDA DA PROFESSORA, LIGUE CADA ANIMAL AO TIPO DE COBERTURA DO CORPO.

PLACAS DURAS

ESCAMAS

PELE LISA

PENAS

PELOS

LIÇÃO 170

MUITOS ANIMAIS SÃO CRIADOS PARA A PRODUÇÃO DE ALIMENTOS.

✏️ LIGUE CADA ANIMAL AO QUE APROVEITAMOS DELE PARA NOSSA ALIMENTAÇÃO.

MEL

CARNE

LEITE

OVOS

FOTOS: FREEPIK

DATA: ___/___/___

179

LIÇÃO 171

OS ANIMAIS DOMESTICADOS SÃO AQUELES CRIADOS PELAS PESSOAS.

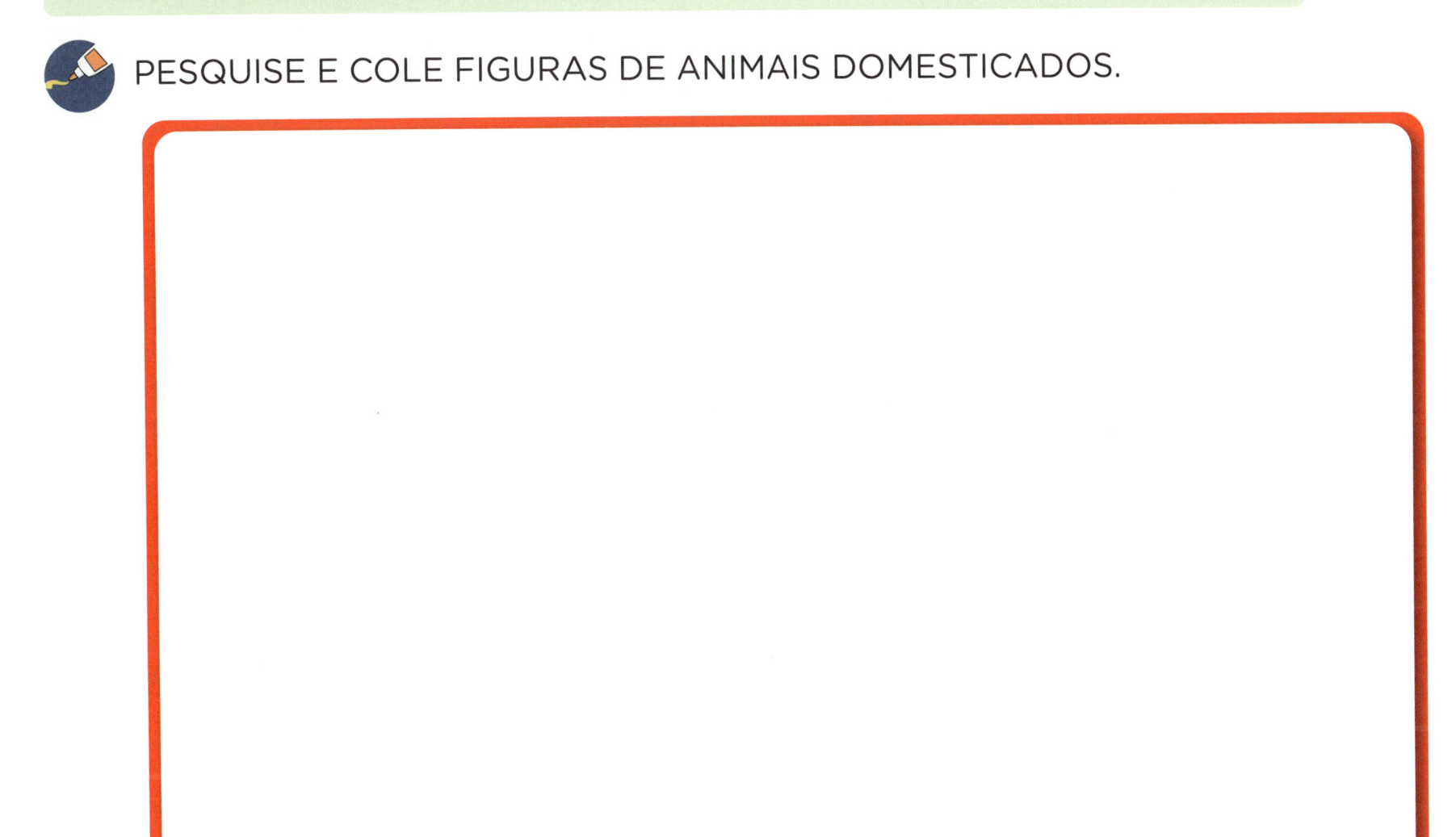

PESQUISE E COLE FIGURAS DE ANIMAIS DOMESTICADOS.

DATA: _____ / _____ / _____

LIÇÃO 172

OS ANIMAIS SILVESTRES SÃO AQUELES QUE VIVEM LIVRES NA NATUREZA.

PINTE OS ANIMAIS SILVESTRES.

DATA: ____/____/____

181

LIÇÃO 173

EXISTEM ANIMAIS QUE PODEM SER CRIADOS RECEBENDO O CARINHO E OS CUIDADOS DOS SERES HUMANOS. SÃO OS **ANIMAIS DE ESTIMAÇÃO**.

COLE UMA FOTOGRAFIA DO SEU ANIMAL DE ESTIMAÇÃO. SE NÃO TIVER UM, DESENHE OU RECORTE DE REVISTAS UM ANIMAL QUE VOCÊ GOSTARIA DE TER.

QUE ANIMAL VOCÊ ESCOLHEU? ONDE ELE VIVE? O QUE ELE COME? COMO ELE SE LOCOMOVE?

DATA: _____ / _____ / _____

LIÇÃO 174

OS MEIOS DE TRANSPORTE SERVEM PARA LEVAR PESSOAS, ANIMAIS E OBJETOS DE UM LUGAR PARA OUTRO.

✏️ USE AS CORES DAS PLAQUINHAS PARA CONTORNAR CADA TIPO DE MEIO DE TRANSPORTE.

MEIOS DE TRANSPORTE AÉREOS

MEIOS DE TRANSPORTE TERRESTRES

MEIOS DE TRANSPORTE AQUAVIÁRIOS

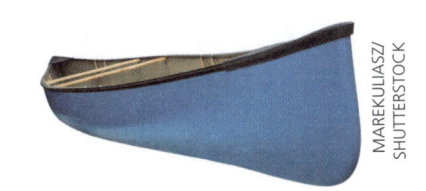

DATA: ____/____/____

183

LIÇÃO 175

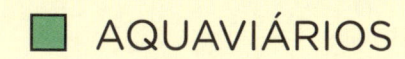

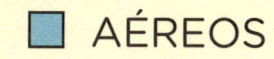

PINTE OS MEIOS DE TRANSPORTE SEGUINDO A LEGENDA.

☐ TERRESTRES   ☐ AQUAVIÁRIOS   ☐ AÉREOS

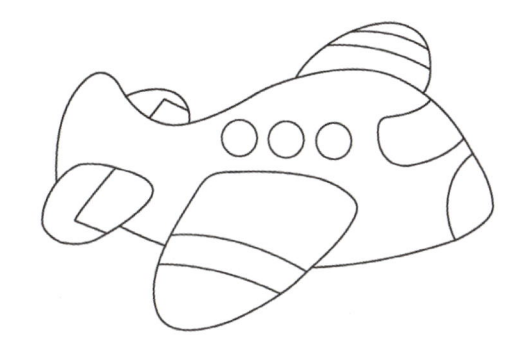

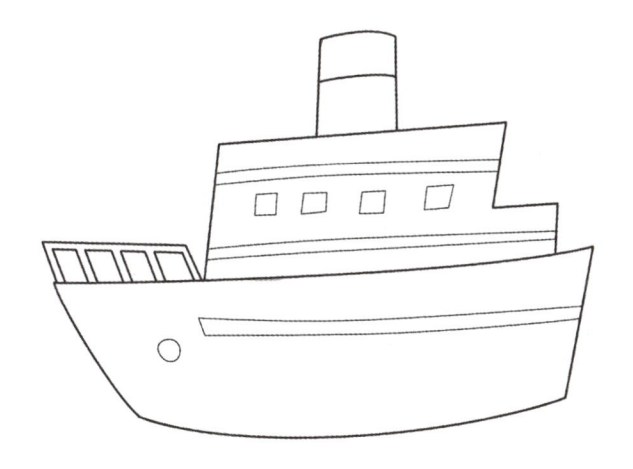

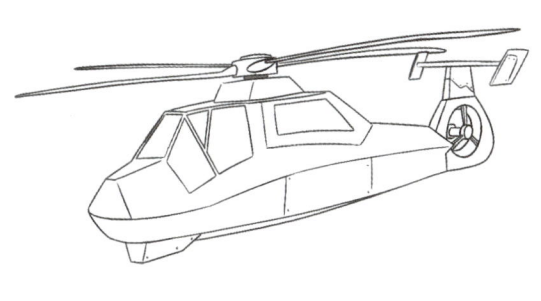

DATA: ____/____/____

184

LIÇÃO 176

O MOVIMENTO DAS PESSOAS E DOS VEÍCULOS PELAS RUAS, AVENIDAS E ESTRADAS É CHAMADO DE **TRÂNSITO**. OS SINAIS DE TRÂNSITO SERVEM PARA ORIENTAR OS VEÍCULOS E OS PEDESTRES.

PINTE O SEMÁFORO PARA VEÍCULOS DE ACORDO COM A LEGENDA.

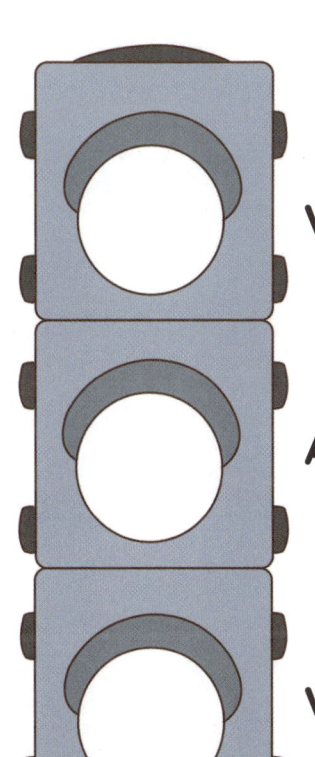

VERMELHO – OS VEÍCULOS DEVEM PARAR.

AMARELO – OS VEÍCULOS DEVEM AGUARDAR. ATENÇÃO, ESPERAR!

VERDE – OS VEÍCULOS PODEM PASSAR.

DATA: _____ / _____ / _____

LIÇÃO 177

NAS RUAS, AVENIDAS E ESTRADAS, HÁ PLACAS DE TRÂNSITO. MARQUE COM UM **X** AS PLACAS QUE VOCÊ JÁ VIU.

PARADA OBRIGATÓRIA	ÁREA ESCOLAR	VELOCIDADE MÁXIMA PERMITIDA

PROIBIDO ESTACIONAR	PROIBIDO VIRAR À DIREITA	SIGA EM FRENTE

VOCÊ SABE O QUE ESSAS PLACAS INDICAM?

DATA: _____ / _____ / _____

LIÇÃO 178

AS PESSOAS QUE CIRCULAM A PÉ PELAS CALÇADAS, RUAS E AVENIDAS SÃO CHAMADAS DE **PEDESTRES**. OS PEDESTRES DEVEM ATRAVESSAR NA FAIXA DE SEGURANÇA E RESPEITAR OS SEMÁFOROS.

COMPLETE O SEMÁFORO PARA PEDESTRES PINTANDO COM AS CORES VERDE OU VERMELHO.

VERMELHO: PARE! AS PESSOAS DEVEM PARAR.

VERDE: PODE PASSAR! AS PESSOAS PODEM ATRAVESSAR.

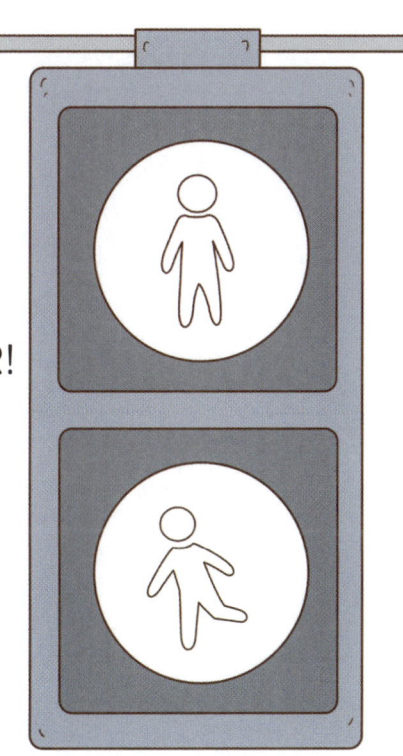

DATA: _____ /_____ /_____

LIÇÃO 179

OBSERVE AS IMAGENS COM ATENÇÃO. PINTE OS SÍMBOLOS DE ACORDO COM A LEGENDA.

👍 ATITUDE CORRETA   👎 ATITUDE INCORRETA

TODAS AS PESSOAS QUE VOCÊ OBSERVOU NAS IMAGENS DEMONSTRAM ATENÇÃO AO CIRCULAR PELAS RUAS? POR QUÊ?

DATA: _____ / _____ / _____

188

LIÇÃO 180

AS IMAGENS MOSTRAM SITUAÇÕES DE COMUNICAÇÃO, ISTO É, EM QUE A PESSOA ESTÁ RECEBENDO OU TRANSMITINDO ALGUMA MENSAGEM.

✏️ FAÇA UM **X** NOS MEIOS DE COMUNICAÇÃO MOSTRADOS NAS IMAGENS.

CAT BOX/SHUTTERSTOCK

BBERNARD/SHUTTERSTOCK

MONKEY BUSINESS IMAGES/SHUTTERSTOCK

INESBAZDAR/SHUTTERSTOCK

UFABIZPHOTO/SHUTTERSTOCK

BESTPHOTOSTUDIO/SHUTTERSTOCK

💬 QUE MEIO DE COMUNICAÇÃO PODEMOS UTILIZAR PARA CONVERSAR COM AS PESSOAS QUE ESTÃO DISTANTES?

DATA: _____/_____/_____

189

LIÇÃO 181

CONTORNE OS MEIOS DE COMUNICAÇÃO QUE VOCÊ USA NA ESCOLA.

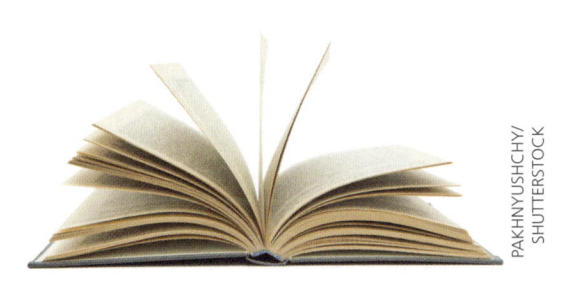

QUAL MEIO DE COMUNICAÇÃO VOCÊ MAIS UTILIZA NO DIA A DIA?

DATA: _____ / _____ / _____

LIÇÃO 182

PESQUISE E COLE FIGURAS QUE REPRESENTAM:

MEIOS DE COMUNICAÇÃO QUE USAM A LINGUAGEM FALADA	MEIOS DE COMUNICAÇÃO QUE USAM A LINGUAGEM ESCRITA

PESQUISE EM REVISTAS USADAS E RECORTE FIGURAS DE DIFERENTES MEIOS DE COMUNICAÇÃO. COLE-AS EM UMA FOLHA DE PAPEL.

DATA: ____ / ____ / ____

ALMANAQUE

SUMÁRIO

CRACHÁ 193

JOGO DA MEMÓRIA 194
(RECORTE AS PEÇAS DO JOGO DA MEMÓRIA E BRINQUE COM OS COLEGAS.)

MEMÓRIA DE NÚMEROS 195
(RECORTE AS PEÇAS DO JOGO DA MEMÓRIA E BRINQUE COM OS COLEGAS.)

DOMINÓ DE FORMAS E CORES 197
(RECORTE AS PEÇAS NA LINHA TRACEJADA E BRINQUE COM OS COLEGAS.)

DESAFIO 199
(RECORTE AS FORMAS QUE ESTÃO NA PÁGINA 200 E MONTE UM CAMINHÃO IGUAL AO DA FIGURA. DICA: VOCÊ PODE COLOCAR AS PEÇAS EM CIMA DA FIGURA PARA MONTÁ-LA.)

CARNAVAL 201
(PINTE E ENFEITE A MÁSCARA COMO QUISER. DEPOIS, RECORTE-A E COLE-A EM UM PALITO DE SORVETE. DIVIRTA-SE!)

DIA NACIONAL DO LIVRO INFANTIL - 18 DE ABRIL 202
(PINTE ALGUNS PERSONAGENS DO SÍTIO DO PICAPAU AMARELO E LEIA O NOME DELES COM A AJUDA DA PROFESSORA. ENFEITE A SALA NO DIA DO LIVRO.)

DIA DOS POVOS INDÍGENAS - 19 DE ABRIL 203
(PROCURE ALGUMAS IMAGENS DA CULTURA INDÍGENA E COLE-AS NA PÁGINA. ENFEITE A SALA PARA HOMENAGEAR OS POVOS INDÍGENAS.)

FESTAS JUNINAS 204
(CANTE COM A PROFESSORA E OS COLEGAS. DEPOIS, PINTE A CENA. ENFEITE A SALA NO MÊS DE JUNHO.)

DIA DAS CRIANÇAS - 12 DE OUTUBRO 205
(CANTE "PIRULITO QUE BATE, BATE". DEPOIS, PINTE O PIRULITO E COLE BARBANTE NO TRACEJADO.)

DIA DO PROFESSOR - 15 DE OUTUBRO 206
(MONTE UM CARTÃO PARA A PROFESSORA. FAÇA UM DESENHO NO VERSO.)

FESTAS DE FIM DE ANO 207
(FAÇA DESENHOS OU COLE FIGURAS QUE REPRESENTEM O FINAL DO ANO.)

CRACHÁ

ALMANAQUE

COLAR FOTO 3 × 4

Parte integrante da coleção **Eu gosto m@is** – Educação Infantil – volume 2 – IBEP.

JOGO DA MEMÓRIA

ALMANAQUE

A E I O U

Parte integrante da coleção **Eu gosto m@is** – Educação Infantil – volume 2 – IBEP.

MEMÓRIA DE NÚMEROS

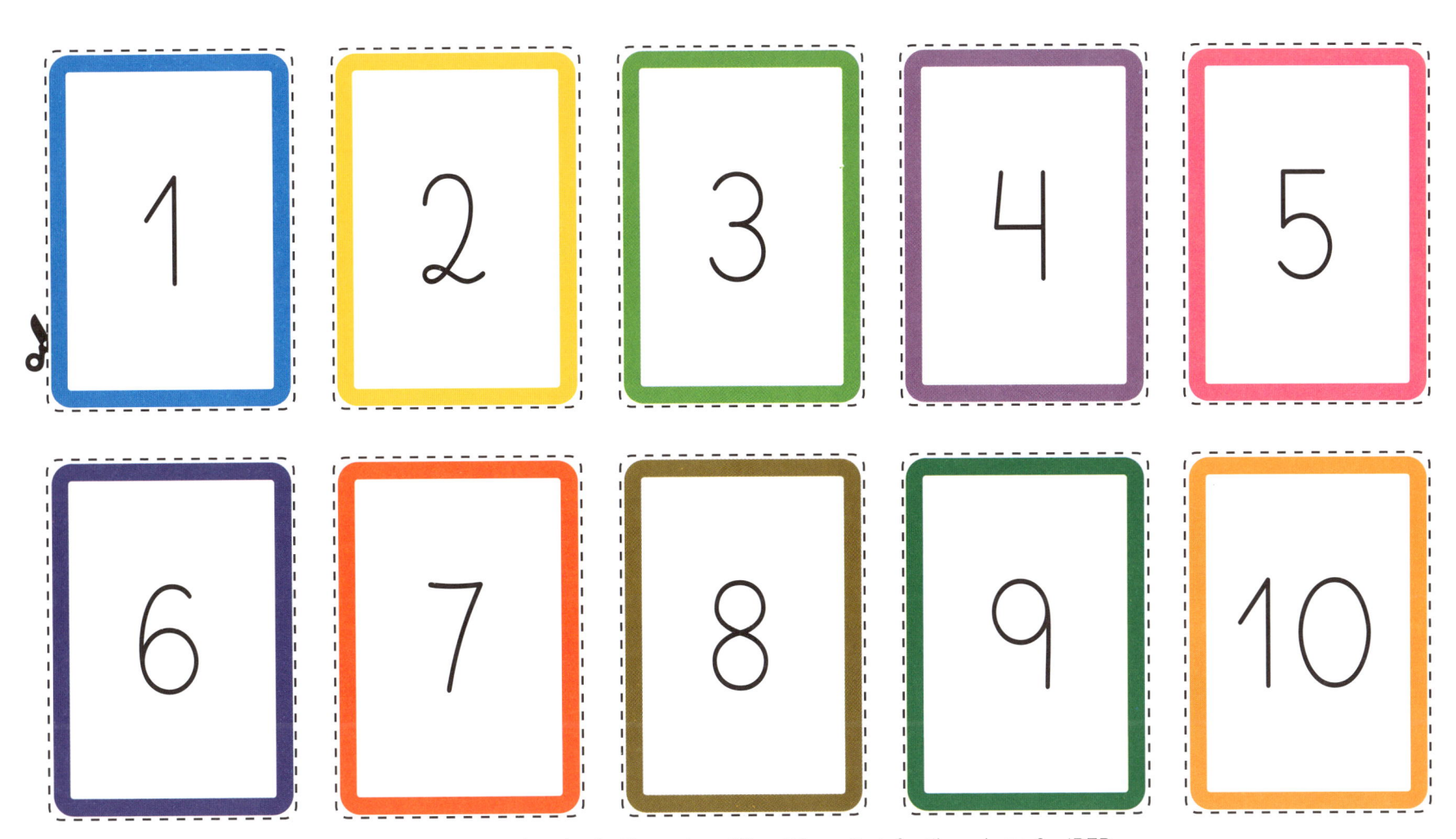

ALMANAQUE

| 1 | 2 | 3 | 4 | 5 |
| 6 | 7 | 8 | 9 | 10 |

Parte integrante da coleção **Eu gosto m@is** – Educação Infantil – volume 2 – IBEP.

ALMANAQUE

Parte integrante da coleção **Eu gosto m@is** – Educação Infantil – volume 2 – IBEP.

196

DOMINÓ DE FORMAS E CORES

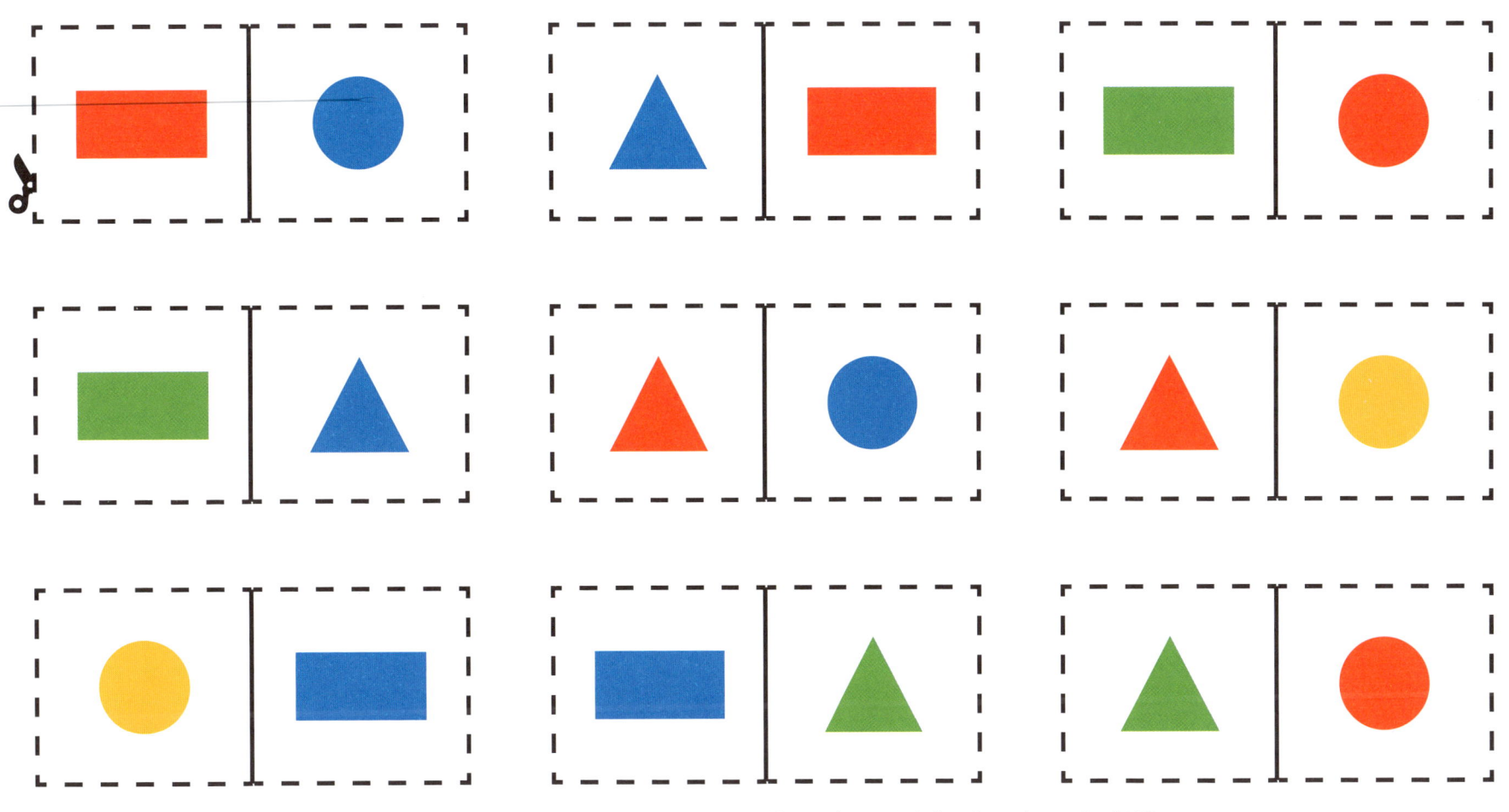

ALMANAQUE

197

Parte integrante da coleção **Eu gosto m@is** – Educação Infantil – volume 2 – IBEP.

DESAFIO

ALMANAQUE

Parte integrante da coleção **Eu gosto m@is** – Educação Infantil – volume 2 – IBEP.

Parte integrante da coleção **Eu gosto m@is** – Educação Infantil – volume 2 – IBEP.

ALMANAQUE

200

CARNAVAL

Parte integrante da coleção **Eu gosto m@is** – Educação Infantil – volume 2 – IBEP.

DIA NACIONAL DO LIVRO INFANTIL – 18 DE ABRIL

COMEMORAMOS O DIA NACIONAL DO LIVRO INFANTIL NO DIA DE NASCIMENTO DO GRANDE ESCRITOR BRASILEIRO MONTEIRO LOBATO. UMA DE SUAS OBRAS MAIS CONHECIDAS É O **SÍTIO DO PICAPAU AMARELO**.

| NARIZINHO | PEDRINHO | EMÍLIA | VISCONDE DE SABUGOSA |

Parte integrante da coleção **Eu gosto m@is** - Educação Infantil - volume 2 - IBEP.

DIA DOS POVOS INDÍGENAS – 19 DE ABRIL

HÁ MUITAS CONTRIBUIÇÕES DOS INDÍGENAS À CULTURA BRASILEIRA.

TATU
JIBOIA CHOCALHO
MANDIOCA TUCANO

FESTAS JUNINAS

ALMANAQUE

CAPELINHA DE MELÃO

CAPELINHA DE MELÃO
É DE SÃO JOÃO,
É DE CRAVO, É DE ROSA,
É DE MANJERICÃO.
SÃO JOÃO ESTÁ DORMINDO,
NÃO ME OUVE, NÃO,
ACORDAI, ACORDAI,
ACORDAI, JOÃO.

DOMÍNIO PÚBLICO.

Parte integrante da coleção **Eu gosto m@is** – Educação Infantil – volume 2 – IBEP.

DIA DAS CRIANÇAS – 12 DE OUTUBRO

PIRULITO QUE BATE, BATE

PIRULITO QUE BATE, BATE
PIRULITO QUE JÁ BATEU
QUEM GOSTA DE MIM É ELA
QUEM GOSTA DELA SOU EU.

DOMÍNIO PÚBLICO.

DIA DO PROFESSOR – 15 DE OUTUBRO

PROFESSORA,

NUNCA SE ESQUEÇA DE MIM.

_____

Parte integrante da coleção **Eu gosto m@is** – Educação Infantil – volume 2 – IBEP.

FESTAS DE FIM DE ANO

CHEGARAM AS FESTAS DE FIM DE ANO! ÉPOCA DE CONFRATERNIZAR, COM AMOR E ALEGRIA.

ALMANAQUE

LIÇÃO 72

Parte integrante da coleção **Eu gosto m@is** – Educação Infantil – volume 2 – IBEP.

LIÇÃO 75

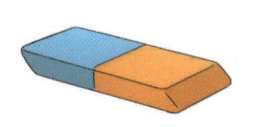

LIÇÃO 78

LIÇÃO 93

LIÇÃO 126

11	12	13	14	15
16	17	18	19	20
21	22	23	24	25

Parte integrante da coleção **Eu gosto m@is** – Educação Infantil – volume 2 – IBEP.

ADESIVOS

LIÇÃO 142

ANDREI KUZMIK/SHUTTERSTOCK
ALINA ROSANOVA/SHUTTERSTOCK 
OLESYA KUZNETSOVA/SHUTTERSTOCK 
IRIN-K/SHUTTERSTOCK 
XIAORUI/SHUTTERSTOCK 
BENNYARTIST/SHUTTERSTOCK 

ADESIVOS

LIÇÃO 164

Parte integrante da coleção **Eu gosto m@is** - Educação Infantil - volume 2 - IBEP.

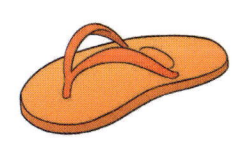

LIÇÃO 167

LIÇÃO 168

ADESIVOS